Zoomigurumi Favorites 30

아미구루미닷컴에서 가장 사랑받은 인형 베스트 **30**

코바늘 동물인형

아미구루미닷컴(amigurumi.com) 지음
브론테살롱 옮김

돋북

Zoomigurumi Favorites

Copyright © 2022 Meteoor BV and designers
Original English Edition 2022 by Meteoor Books, Antwerp, Belgium.
All rights reserved.
Korean translation copyright © 2025 by DOTBOOK
Korean translation rights are arranged with Meteoor bvba through AMO Agency.

도트니트 04

아미구루미닷컴에서 가장 사랑받은 인형 베스트 30
코바늘 동물인형
ⓒ 아미구루미닷컴, 2025

1판 1쇄 펴낸날 2025년 3월 31일

지은이 아미구루미닷컴 | **옮긴이** 브론테살롱
총괄 이정욱 | **출판팀** 이지선·이정아·이지수 | **디자인** Design E.T.
펴낸이 이은영 | **펴낸곳** 도트북
등록 2020년 7월 9일(제25100-2020-000043호)
주소 서울시 노원구 동일로242길 87 2F
전화 02-933-8050 | **팩스** 02-933-8052
전자우편 reddot2019@naver.com
블로그 blog.naver.com/reddot2019
인스타그램 @dot_book_
ISBN 979-11-93191-08-8 13590

이 책의 한국어판 저작권은 AMO에이전시를 통해 저작권자와 독점 계약한 도트북에 있습니다.
저작권법에 의해 한국 내에서 보호를 받는 저작물이므로 무단 전재와 무단 복제를 금합니다.

안녕!

코바늘 손뜨개의 놀라운 세계에 오신 것을 환영합니다! 이 책은 인기 있는 코바늘 동물 인형 중에서 가장 사랑받는 디자인 30가지를 하나로 모아놓은 베스트북이에요. 이 책을 통해 우리는 귀여운 손뜨개 작품과 사랑스러운 동물을 좋아하는 모든 사람이 손뜨개를 시도해 볼 수 있기를 바랍니다. 이 모든 것을 만드는 것이 얼마나 쉬운지 알면 놀랄 거예요.

이 책에서는 전 세계 디자이너들이 좋아하는 30가지 동물 친구들을 만날 수 있어요. 원하는 동물 친구를 마음대로 선택할 수 있으며, 아이디어를 조금만 더하면 실의 색깔, 표정, 액세서리를 바꿔 나만의 손뜨개 동물 인형을 만들 수 있답니다.

코바늘 동물 인형을 처음 만드시나요? 아니면 손뜨개 방법을 더 다양하게 알고 싶나요? 책 시작 부분에 있는 그림과 편리한 동영상 튜토리얼은 손뜨개 방법을 빠르게 익히는 데 도움이 될 거예요. 여기에 실린 작품들은 초보자들을 위한 것부터 능숙한 기술이 필요한 것까지 다양하며, 따라 하기 쉬운 지침이 함께 제공됩니다. 손수 만든 코바늘 인형 선물로 친구와 가족을 놀라게 해보세요.

혹시 새로운 디자인을 만들었고, 공유하고 싶나요?
귀여운 뜨개와 손뜨개 인형에 대한 열정을 여러분과 함께 나누고 싶어요.
www.amigurumi.com/3800 또는 인스타그램에서 #zoomigurumi 를 검색해 보세요. 이곳에 여러분의 작품을 공유하고, 또 수많은 작품을 통해 영감을 얻을 수 있을 거예요.

여러분이 즐겁고 행복한 손뜨개 인형의 세계로 들어오게 되길 바랍니다!

책 속에서 만날 동물 인형들

코알라 카이 (by Lemon Yarn Creations - Andreia Ferreira) 대부분의 유대목 동물처럼 카이는 잠을 좋아해요. 언제 어디서나 잠들 수 있을 정도니까요. 포근함을 느끼고 싶어서 항상 큰 나뭇잎 담요를 가지고 다녀요. 낮잠을 자다가 배가 고파서 일어나면 즉시 간식을 먹는답니다.

22

벌새 카를로스 (by YOUnique Crafts - Noah McLeroy) 카를로스는 윙윙거리는 것 이상의 일을 할 수 있습니다. 바로 그 누구보다도 멋진 곡을 연주하는 것! 온갖 종류의 동물이 벌새의 노래를 듣기 위해 그의 나무 아래로 모이곤 한답니다.

27

개미핥기 안티 (by Lemon Yarn Creations - Andreia Ferreira) 안티는 여러분이 만날 수 있는 가장 사랑스러운 개미핥기랍니다. 안티는 점심을 먹기 위해 개미를 사냥하는 대신, 개미와 날씨와 최신 뉴스에 대해 이야기를 나누지요. 안티는 모두와 친구가 되고 싶어한답니다.
33

게 세드릭 (by Elisa's Crochet - Elisa Sartori) 세드릭은 바다를 살기 좋은 곳으로 만들고 싶어서 환경 변호사가 되기 위해 노력하고 있어요. 그는 집게발을 흔들어 강조하며 멋진 연설을 했어요. 세드릭이 바닷속 세계에 큰 변화를 가져올 수 있을 거예요.

38

하마 헨리 (by Kamlin Patterns) 헨리는 지역 수영장에서 인명 구조원으로 일하며 물속에서 즐겁게 뛰어다니는 작은 하마들을 돕고 있어요. 그는 집에 돌아와 편안하게 긴 목욕을 하며 휴식을 취하는 것을 좋아한답니다.
42

왕부리새 토코 (by Airali Design - Ilaria Caliri) 사춘기 동안 토코는 그 길고 커다란 부리를 좋아하지 않았어요. 하지만 지금은 거울을 보면서 다채로운 자신의 모습을 자랑스러워하지요. 그는 인플루언서로 유명해지길 바라는데, 꽤 잘하고 있는 것 같아요.
50

여우 레인드롭 (by Zipzipdreams - Anna Edina Tekten) 숲속의 뜨겁고 건조한 여름을 지나, 귀여운 아기 여우가 탄생했어요. 어미 여우는 처음으로 아기를 안았을 때, 아기의 코 위로 떨어지는 빗방울을 보았어요. 그래서 그를 레인드롭(Raindrop)이라고 부르기로 결정했지요.
55

CONTENTS 5

도마뱀 거티 (by Moji-Moji Design - Janine Holmes) 거티는 집 도마뱀이에요. 그러니 거티가 벽 너머에서 조용히 자신의 일에 집중하고 있는 것을 발견하더라도 놀라지 마세요. 그녀는 꽤 수줍음이 많지만, 가끔은 살짝 손을 흔들고 건방진 미소를 짓는 것을 볼 수도 있답니다.

60

 **원숭이 조니** (by Pepika - Sanda Jelic Dobrosavljev) 털실 전문가를 찾고 있다면 조니가 당신에게 딱 맞는 친구랍니다! 평생 동안 작은 털실 가게에서 일해 온 그는 손뜨개 공예품의 모든 것을 알고 있으니까요. 기꺼이 자신이 가장 좋아하는 실을 써 볼 수 있도록 해줄 거예요.

66

청둥오리 메이어와 아기오리 (by Little Muggles - Amy Lin) 메이어는 전업주부이고 아이들을 돌보기 위해 열심히 일합니다. 그녀는 아이들에게 부드러운 빵가루를 먹이고, 연못에서 함께 놀고, 꽥꽥 재워주는 것을 좋아합니다. 조금 피곤하지만, 사랑하는 가족을 위해 그쯤은 거뜬히 해낸답니다.

71

 **해마 블루밍** (by A Morning Cup of Jo Creations - Josephine Wu) 블루밍이 할 수 있는 체육 활동은 수영뿐이에요. 하지만 사실 그는 해류를 따라 표류하며 수영하는 시늉을 하는 거예요. 실제로 그가 하고 있는 일은 바닷속 생물의 멋진 풍경을 감상하는 것뿐입니다. 거기 살고 있으니까요.

76

기린 스탠리 (by Little Muggles - Amy Lin) 저기 서점 모퉁이에 서 있는 건 누구일까요? 바로 스탠리에요. 그는 다음 휴가에 가져갈 몇 권의 좋은 책을 찾기 위해 가장 높은 선반에 있는 최신 도서를 검색하고 있는 중이에요.

80

 **갈매기 스크류** (by Crochetbykim - Kim Bengtsson Friis) 스크류는 음식을 좋아해서 몇 마일 떨어진 곳에서도 맛있는 음식을 발견할 수 있어요. 그는 새롭고 맛있는 남은 음식을 찾기 위해서라면 어디라도 날아가고 어디를 가든 그 지역의 요리를 맛보곤 하지요. 다른 갈매기들은 스크류가 약간 까다롭다고 생각하지만, 그는 자신이 깃털 달린 미식가라고 불리는 것을 좋아해요.

84

무스 몬티나 (by Little Aqua Girl-Erinna Lee) 몬티나는 기사도를 믿는 진정한 신사랍니다. 그는 숲 무도회에 나갈 때 나비넥타이를 매는 것을 좋아하지만, 다른 무스에게 춤을 청할 때는 약간 수줍어해요.

87

햄스터 해미시 (by Moji-Moji Design - Janine Holmes) 해미시가 가장 좋아하는 간식은 딸기랍니다. 여름이 되면 마음껏 먹기 위해 종종 지역 농장을 방문하지요. 딸기를 배불리 먹고 나면, 그는 볼 안쪽에 딸기 몇 개를 저장해요. 그러고 나면 야식으로 먹기 위해 몇 개를 가져가 우리에 묻어 둡니다.

93

백조 안나 & 피터 (by Pica Pau - Yan Schenkel) 안나는 피아노의 대가랍니다. 어떤 곡이든 한 번만 들어도 연주할 수 있지요. 그녀는 첼로를 연주하는 아들 피터와 함께 작은 재즈 밴드를 결성했고 그들의 하루는 흔들리는 리듬과 곡조로 늘 가득하답니다. **100**

바다표범 새미 (y DIY Fluffies - Mariska Vos-Bolman) 새미는 옷 입는 걸 좋아해요. 그녀는 목을 감쌀 수 있는 예쁜 리본과 스카프가 많죠. 스커트도 입어 보았지만 좋아하는 수영을 하는 동안 스커트가 모두 떠내려가 버렸답니다. **108**

개구리 크록 (by Lisa Jestes Designs - Lisa Jestes) 크록은 자신이 가장 좋아하는 수련 잎 위에서 긴 낮잠을 자는 것을 좋아해요. 점심이나 저녁을 먹는 것보다 자는 것을 더 좋아하죠. 말을 정말 잘해서 다른 개구리들이 그날 잡은 것에 대해 그와 함께 이야기 나누는 것을 즐긴답니다. **112**

사자 레오 (by Amalou Designs - Marielle Maag) 레오는 항상 덥고 습한 곳에서 살아서 너무 오랫동안 햇빛에 머물지 않도록 조심하지요. 부드러운 피부를 햇빛으로부터 보호하기 위해 항상 자외선 차단제를 바르는 것을 기억합니다. 물도 많이 마시고 그늘에서 낮잠도 많이 자는 게 최고예요! **118**

공작 레오폴도 (by Pica Pau - Yan Schenkel) 대부분의 공작새와 달리 레오폴도는 자신의 아름다운 외모에 별로 관심이 없어요. 들판에서 하루를 보낸 후 그의 깃털은 항상 약간 지저분해 보이죠. 다행스럽게도 레오폴도는 비누를 싫어하지 않는답니다. **122**

말 오틀리 (by Crochetbykim - Kim Bengtsson Friis) 오틀리는 어린 시절 경주마였어요. 최고의 기록으로 친구와 적을 놀라게 했던 진정한 스타였답니다. 이제 은퇴한 그는 농장에서 평화를 누리고 있어요. 가끔 열광적인 팬의 인정을 받으면 뿌듯함을 느낀답니다. **127**

바다코끼리 카테리노 (by Airali Design - Ilaria Caliri) 카테리노는 가장 먼 곳까지 여행하면서 다양한 친구들을 만나고 그 길에서 재미있는 여행 이야기를 많이 수집했어요. 그의 조카들은 늘 이야기를 듣고 싶어하죠. 어린 조카들은 그 덕분에 해적, 인어, 보물섬 이야기 듣기에 푹 빠진답니다. **132**

아귀 앙기 (by Sundot Attack - Jhak Stein) 큰 입과 길고 날카로운 이빨을 가진 앙기는 가장 친근한 대화 상대로 보이지는 않아요. 하지만 그녀의 특별한 외모에 놀라지 마세요. 그녀는 머리에 조명을 비추고 노래를 흥얼거리며 친구와 있는 공간을 아주 아늑하게 만들 수 있답니다.

수달 페리 (by Irene Strange) 매년 여름 페리는 친구와 함께 새로운 모험을 찾아 거친 바다로 헤엄쳐 나간답니다. 조개 낚시, 파도 서핑, 가장 친한 친구와 함께 별빛 아래서 잠을 자는 것보다 더 나은 것이 있을까요!

펭귄 윌버 (by Patchwork Moose - Kate E. Hancock) 윌버는 평범한 펭귄이 아니에요. 그는 남극 컬링 챔피언이거든요! 그는 매일 열심히 연습하고 있으며 다음 동계 올림픽에 참가하는 것을 몹시 기대하고 있어요. 가끔 그가 얼음 위에서 미끄러지는 모습을 본다면 안아주세요. 포옹은 가장 추운 날에도 몸을 따뜻하게 해줄 수 있으니까요.

캥거루 마마 & 모모 (by DIY Fluffies - Mariska Vos-Bolman) 엄마와 아기 캥거루는 함께 멋진 점프를 하는 것을 좋아해요. 마마가 높이 점프할수록 모모는 더 신나하며 기쁨에 넘쳐 비명을 질러요. 요즘 모모가 점점 무거워지고 있어서 몇 번 점프를 하고 나면 마마는 휴식을 취한답니다.

고슴도치 헤들리 (by Moji-Moji Design - Janine Holmes) 헤들리는 생각보다 훨씬 더 귀여워요. 뾰족한 가시가 있지만 몸이 정말 부드럽고 쌀쌀한 바람이 닿으면 포근한 작은 공 모양으로 몸을 웅크립니다. 그는 몸을 따뜻하게 해줄 편안한 스카프를 가지고 있어요.

거북이 오토 (by Kamlin Patterns) 오토는 다음 걷기 도전을 위해 훈련 중이에요. 그는 거북이 보호를 위한 기금을 마련하기 위해 100마일을 걸을 예정이거든요. 그래서 그는 늘 빨간색 운동화를 신고 있어요. 이제 그에게 필요한 것은 지도, 나침반, 길에서 먹을 간식뿐이에요. 응원하겠습니다, 오토!

오리 릴리 (by Little Muggles - Amy Lin) 작은 선원 모자와 잘 어울리는 숄을 착용한 릴리는 새로운 모험을 위한 항해를 시작할 준비가 되어 있답니다! 그는 호주 근처의 덕 아일랜드를 방문하여 친척들이 어떻게 지내는지 보고 싶어하죠. 안전한 여행 되세요, 릴리!

쥐 레기 (by Kristi Tullus) 레기는 작지만 누구보다 빨리 달릴 수 있어요. 모든 사람에게 자신이 보이도록 항상 주황색 재킷을 입죠. 그가 몇 마일 떨어진 곳에서 오는 것을 누구나 볼 수 있기 때문에 그가 윙윙거리며 지나갈 때 그를 방해하는 것은 아무것도 없답니다.

손뜨개 기초

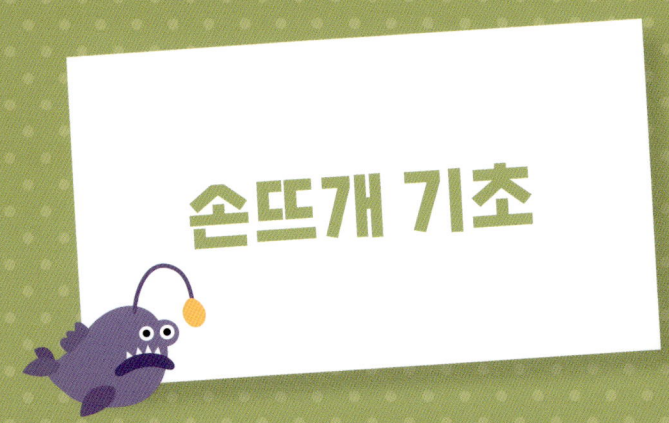

기본 스티치

이 책에 나오는 모든 인형과 옷은 기본 스티치를 이용하여 만들 수 있어요. 인형을 만들기 전에 기본 스티치 연습을 하는 것이 좋아요. 뜨개 방법과 명칭을 익혀두면 해당 페이지를 다시 찾아볼 필요 없이 더 편안하게 패턴을 읽을 수 있어요.

스티치 튜토리얼 영상

각 스티치 설명에는 온라인 스티치 튜토리얼 영상으로 연결되는 URL과 QR 코드가 포함되어 있어 더욱 빠르게 익힐 수 있는 기술을 단계별로 보여줍니다. 링크를 따라가거나 스마트폰으로 QR 코드를 스캔하세요. iOS가 설치된 휴대폰은 카메라 모드에서 자동으로 QR 코드를 스캔해요. Android 휴대폰의 경우 먼저 QR 리더 앱을 설치해야 할 수도 있어요.

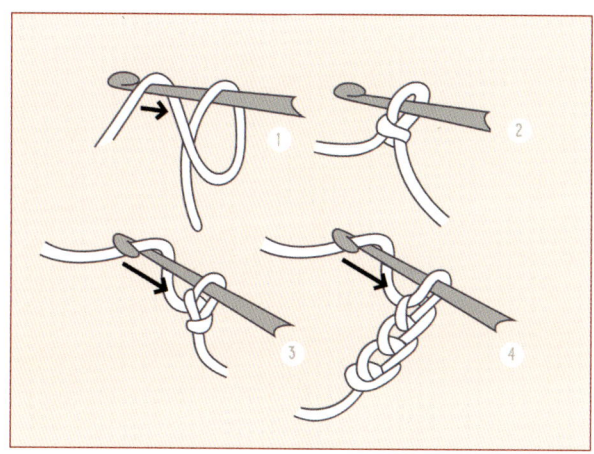

사슬뜨기
① 처음 시작할 때 사슬뜨기를 사용할 수 있다.
② 고리를 만들어 그 사이로 실을 걸어 당겨 조인다.
③ 고리에 바늘이 걸린 채로 실을 뒤에서 앞으로 감아 고리 밖으로 잡아 당긴다. 사슬 1코가 완성된다.
④ 이 단계를 반복하여 기초 사슬코를 만든다.

www.stitch.show/ch
방문 또는 QR 스캔

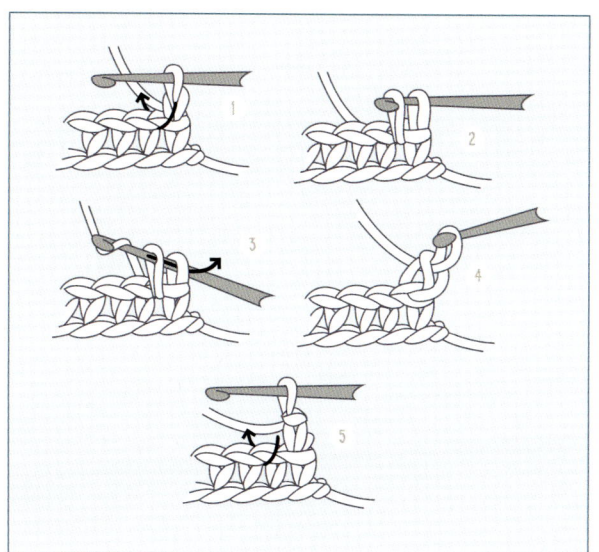

짧은뜨기
① 이 책에서 가장 자주 사용되는 스티치이다. 바늘을 다음 코에 넣고 실을 감아 코 사이로 잡아 당긴다.
② 바늘에 2개의 고리가 생긴다.
③ 실을 다시 감아 2개의 고리에 통과시킨다.
④ 1코가 완성된다.
⑤ 계속하여 반복한다.

www.stitch.show/sc
방문 또는 QR 스캔

빼뜨기

① 빼뜨기는 한 번에 하나 이상의 코를 이동하거나 뜨기 작업을 마무리하는 단에서 사용한다. 다음 코에 바늘을 넣는다.
② 실을 감고 빠져나와 바늘에 걸린 고리를 통과한다.

www.stitch.show/slst
방문 또는 QR 스캔

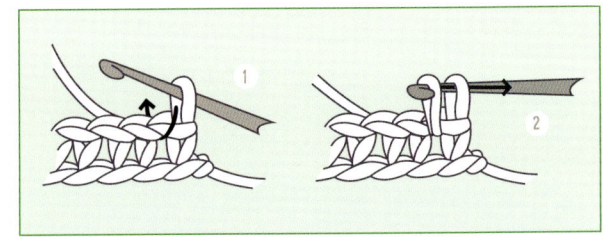

긴뜨기

① (새로운 단을 시작할 때 2개의 사슬코를 떠서 긴뜨기 1코의 기둥코로 삼는다.) 바늘에 실을 감고 코에 넣는다.
② 바늘에 실을 감고 코를 통과해 끌어온다.
③ 바늘에 3개의 고리가 생긴다. 바늘에 실을 감고 고리를 모두 통과한다.
④ 계속하여 반복한다.

www.stitch.show/hdc
방문 또는 QR 스캔

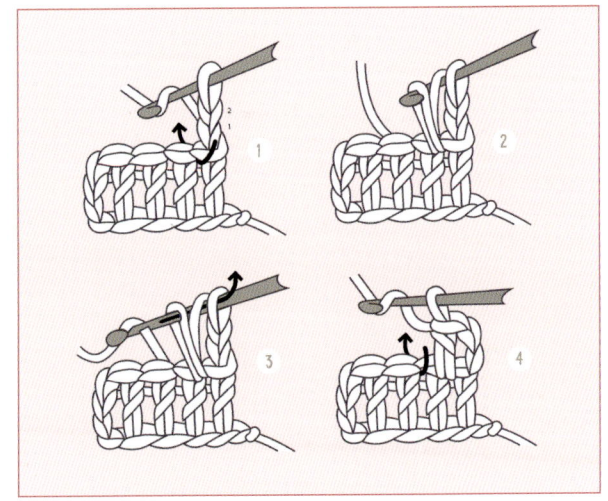

한길긴뜨기

① (새로운 단을 시작할 때 3개의 사슬코를 떠서 한길긴뜨기 1코의 기둥코로 삼는다.) 바늘에 실을 감고 코에 넣는다.
② 바늘에 실을 감고 코를 통과해 실을 끌어온다.
③ 바늘에 3개의 고리가 생긴다. 바늘에 실을 감고 고리를 2개만 통과한다.
④ 바늘에 2개의 고리가 남는다. 마지막으로 다시 바늘에 실을 감고 2개의 고리를 모두 통과한다.
⑤ 1코가 완성된다. 계속하여 반복한다.

www.stitch.show/dc
방문 또는 QR 스캔

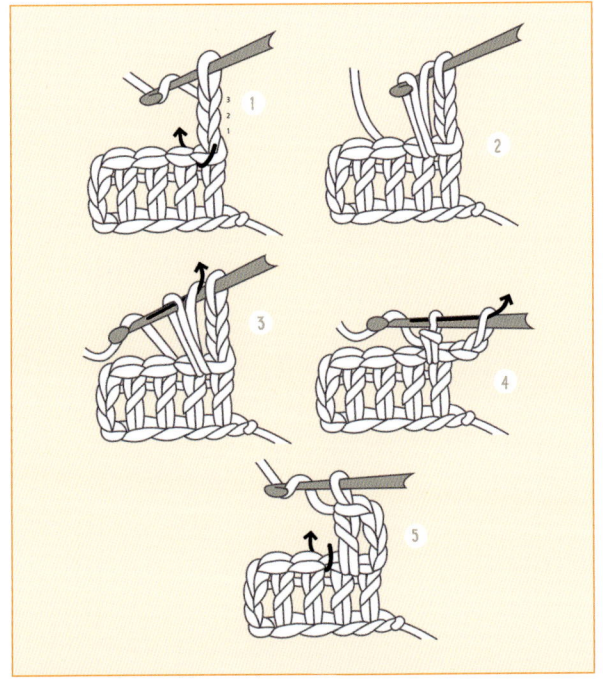

두길긴뜨기

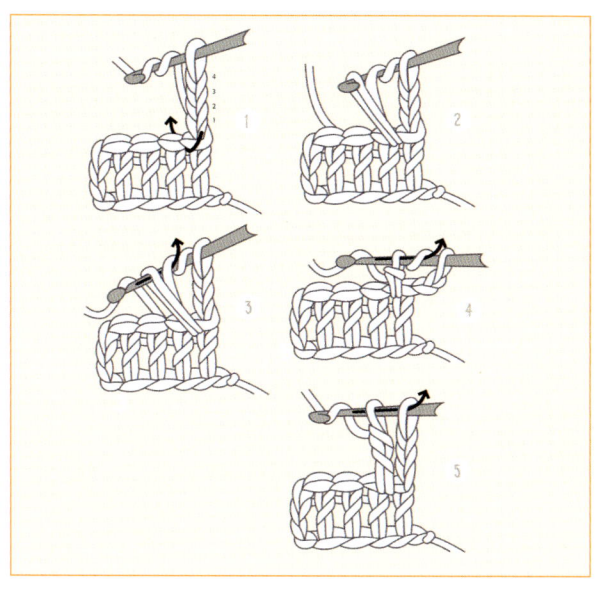

① (새로운 단을 시작할 때 4개의 사슬코를 떠서 긴뜨기 1코의 기둥코로 삼는다.) 바늘에 실을 2번 감고 코에 넣는다.
② 바늘에 실을 감고 코를 통과해 끌어온다.
③ 바늘에 4개의 고리가 생긴다. 바늘에 실을 감고 고리를 2개만 통과한다.
④ 바늘에 3개의 고리가 생긴다. 바늘에 실을 감고 고리를 2개만 통과한다.
⑤ 바늘에 2개의 고리가 남는다. 다시 실을 감고 고리를 모두 통과한다. 1코가 완성된다. 계속하여 반복한다.

www.stitch.show/tr 방문 또는 QR 스캔

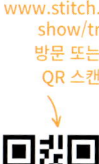

코늘리기

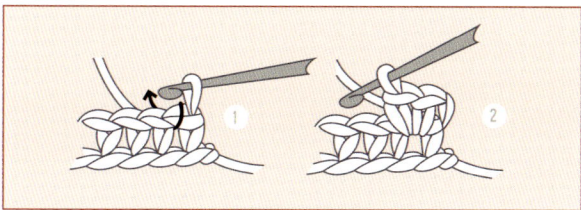

1코에 짧은뜨기 2개를 하여 코를 늘린다.

www.stitch.show/inc 방문 또는 QR 스캔

두 코 모아뜨기 (안 보이게 1코줄이기)

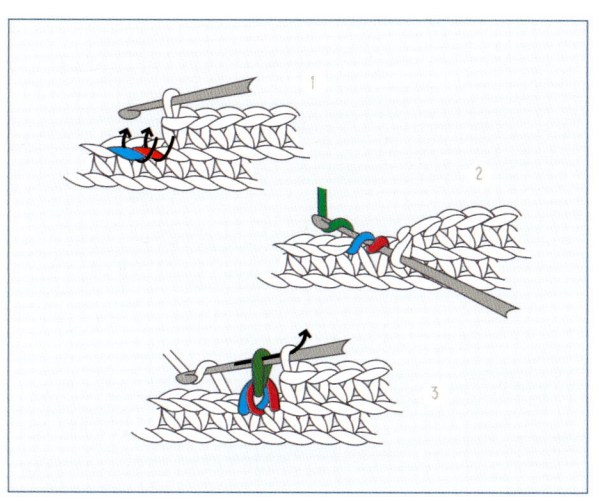

① 코를 안 보이게 줄이면 줄인 코가 다른 코와 비슷하게 보여 코가 고른 작품을 완성할 수 있다. 코의 앞쪽 고리에만 바늘을 넣는다. 다시 다음 코의 앞쪽 고리에 바늘을 넣는다.
② 실을 감아 2개의 고리를 한꺼번에 통과한다.
③ 실을 다시 감아 마지막 남은 2개의 고리를 통과하면 완성된다.

www.stitch.show/dec 방문 또는 QR 스캔

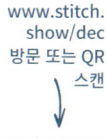

세 코 모아뜨기 (안 보이게 2코줄이기)

① 코를 안 보이게 줄이면 줄인 코가 다른 코와 비슷하게 보여 코가 고른 작품을 완성할 수 있다. 코의 앞쪽 고리에만 바늘을 넣는다. 다시 다음 코의 앞쪽 고리에 바늘을 넣고, 다시 다음 코의 앞쪽 고리에 바늘을 넣는다.
② 실을 감아 3개의 고리를 한꺼번에 통과한다.
③ 실을 다시 감아 마지막 남은 2개의 고리를 통과하면 완성된다.

www.stitch.show/sc3tog 방문 또는 QR 스캔

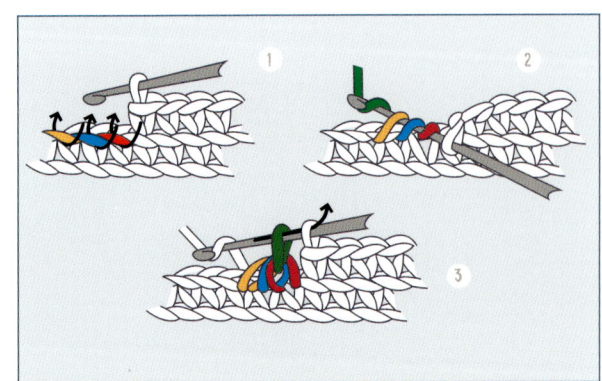

기초 사슬코 만들기

① 일부 작품은 매직링 대신 타원형 기본코로 시작한다. 패턴에서 지시한 만큼의 사슬코를 만든다. 바늘에 걸린 고리에서 바로 다음 코는 건너뛰고, 2번째 코에 바늘을 넣는다.
② 짧은뜨기를 한다.
③ 패턴대로 코에 바늘을 넣고 실을 감아 통과하며 작업한다.
④ 마지막 코에 이르면 아래쪽 고리가 위로 가도록 거꾸로 잡는다.
⑤ 기초 사슬코의 반대쪽 고리에 바늘을 넣어 작업한다.
⑥ 마지막 코는 처음 만든 코 옆에서 끝난다.

www.stitch.show/oval 방문 또는 QR 스캔

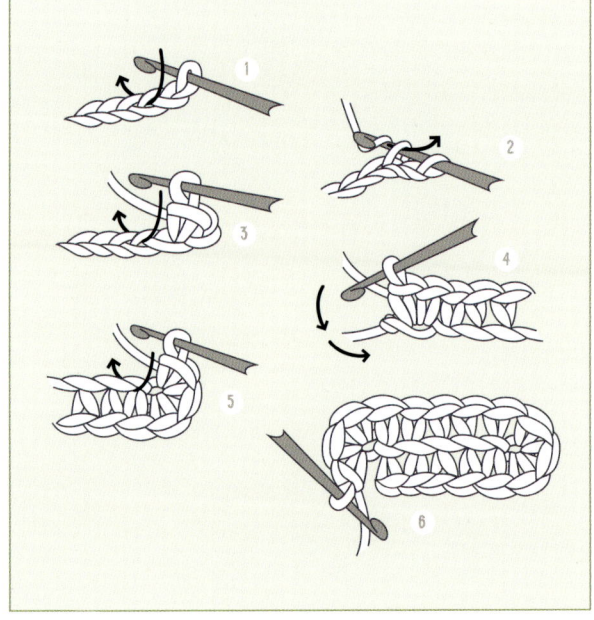

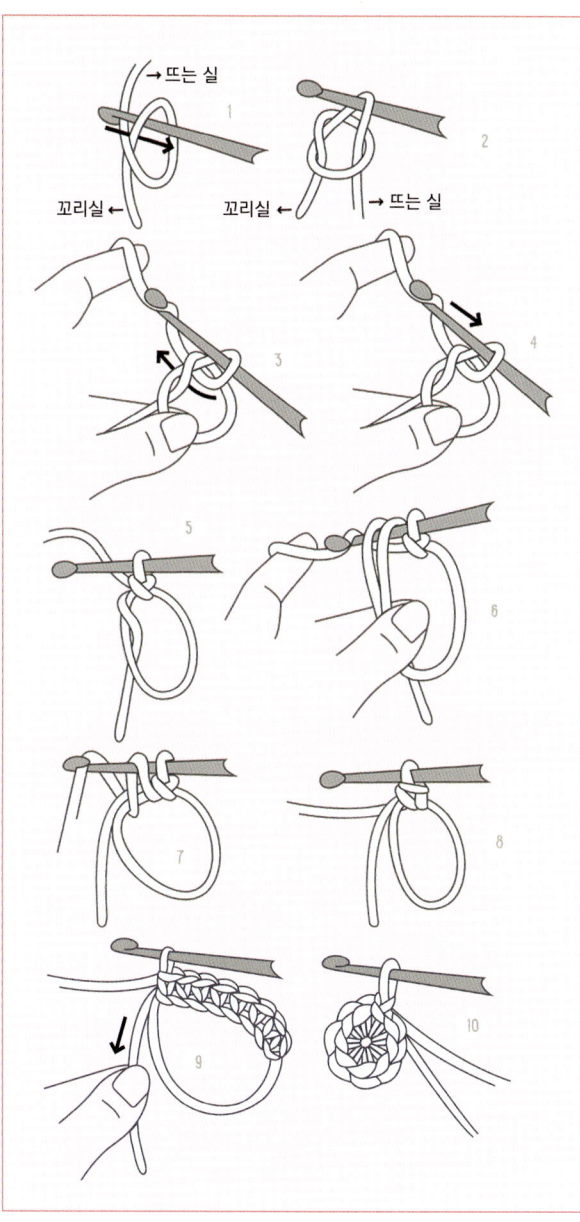

매직링 만들기

매직링은 코바늘뜨기를 시작하는 방법이다. 콧수를 다양하게 조정할 수 있고, 중앙에 구멍이 남지 않는다는 것이 장점이다.

① 실을 교차하여 원을 만든다.
② 바늘로 고리를 만들되 세게 잡아당기지 않는다.
③ 중지와 엄지로 원을 잡고 검지에 실을 감는다.
④-⑤ 실을 감고 고리를 통해 당겨 사슬을 만든다.
⑥ 실을 다시 감는다.
⑦ 링을 통과해 잡아당기고, 다시 한번 실을 감는다.
⑧ 바늘에 걸린 2개의 고리를 통해 잡아당기면 1코가 완성된다.
⑨-⑩ 6~8의 과정을 반복하여 원하는 만큼의 콧수를 만든다. 실 꼬리를 잡아당겨 원을 조인다.

1단이 완성된다. 마커를 사용해 단 표시를 한 다음, 다음 단을 계속 뜬다.

www.stitch.show/magicring
방문 또는 QR 스캔

사슬로 원형코 만들기

① 매직링 원형코처럼 닫히지 않고 중앙에 구멍을 유지하고자 할 때 사용하는 기법이다. 패턴에 지시된 대로 사슬코를 만들고, 첫 번째 고리에 실을 통과해 원을 만든다.
② 고리 중앙에 바늘을 넣어 원하는 만큼의 콧수를 뜬다.

www.stitch.show/ring
방문 또는 QR 스캔

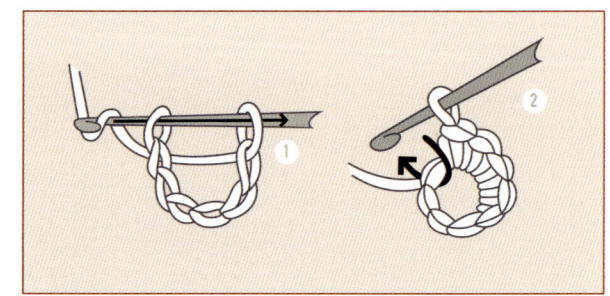

앞고리 이랑뜨기 / 뒷고리 이랑뜨기

① 코바늘 뜨기를 하면 코의 위에는 2개의 고리가 생긴다. 앞고리는 자신을 향한 쪽이고, 뒷고리는 반대쪽이다.
② 이랑뜨기는 동일한 방법으로 뜨지만, 고리를 하나만 걸어서 뜬다. 앞고리 이랑뜨기는 자신을 향한 앞고리를, 뒷고리 이랑뜨기는 뒷고리를 걸어 뜬다.

www.stitch.show/FLO-BLO
방문 또는 QR 스캔

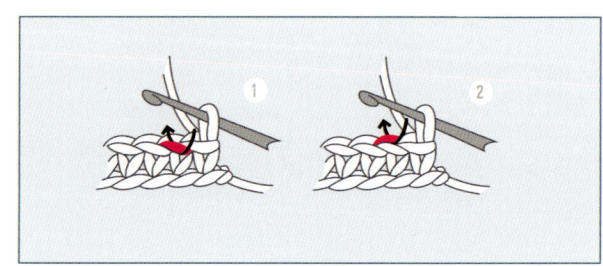

앞걸어뜨기 / 뒤걸어뜨기

바늘이 기둥의 뒤에서 앞으로 나와서 고리를 걸어 뜨면 뒤걸어뜨기, 기둥의 앞에서 뒤로 들어가며 고리를 걸어 뜨면 앞걸어뜨기가 된다.

www.stitch.show/BP-FP
방문 또는 QR 스캔

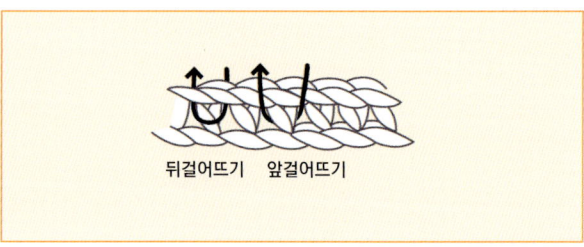

뒤걸어뜨기   앞걸어뜨기

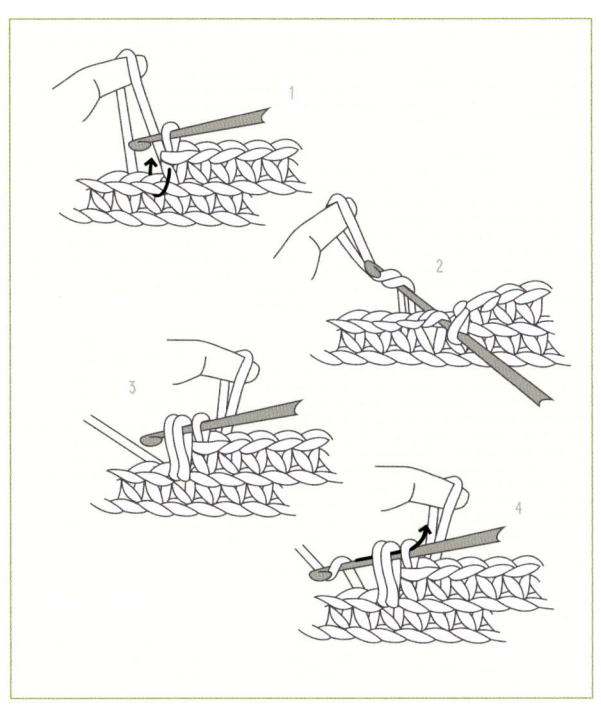

루프스티치

① 검지에 실을 감고 바늘을 다음 코에 넣는다.
② 손가락에 걸린 두 줄의 실을 바늘로 감는다.
③ 코를 통과해 잡아당기면 뒤에 고리가 생긴다.
④ 다시 실을 감아 바늘에 걸려 있는 3코를 통과한다.

www.stitch.
show/loop
방문 또는
QR 스캔

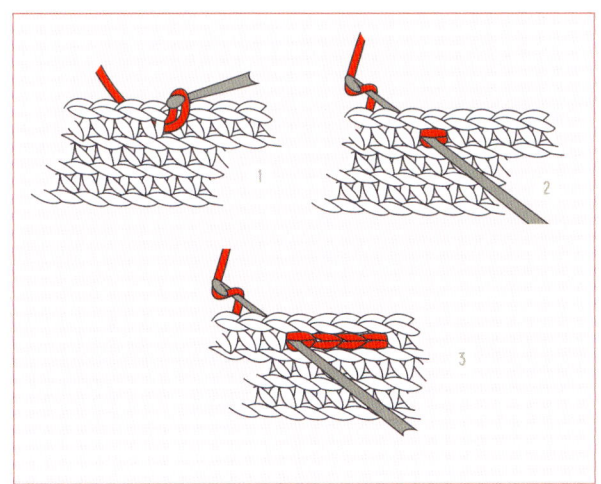

빼뜨기 장식

① 장식하고자 하는 코의 오른쪽에서 바늘을 넣어 실을 감아 앞쪽으로 뺀다.
② 코의 왼쪽으로 바늘과 실을 통과하여 다시 실을 감는다.
③ 코를 통과해 잡아당기면 1코가 완성된다. 계속해서 뜨며 장식한다.

www.stitch.
show/
surfaceslst
방문 또는
QR 스캔

짧은뜨기 장식

① 바늘에 실을 묶는다. 코의 앞쪽 기둥에 바늘을 통과한다.
② 실을 걸어 기둥을 통과해 잡아당긴다.
③ 다시 실을 걸어 바늘에 걸려 있는 두 개의 고리를 통과해 잡아당겨 완성한다.

www.stitch.show/surfacesc
방문 또는 QR 스캔

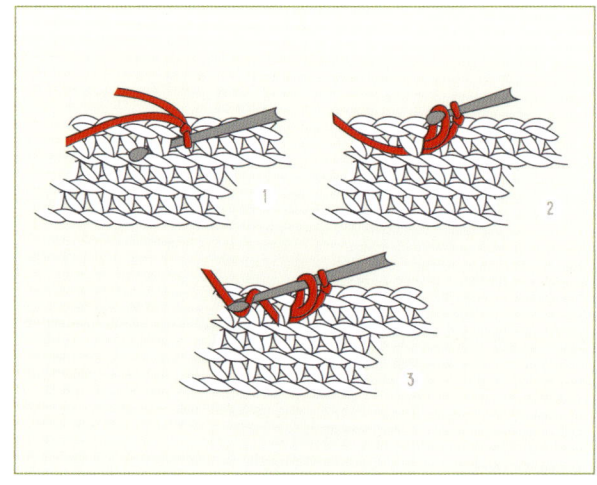

프렌치 매듭

프렌치 매듭은 바느질 기법이다.

① 바늘을 매듭을 만들 위치에 뒤에서 앞으로 넣는다. 바늘에 실을 2번 감는다.
② 바로 옆에 있는 코에 바늘을 넣고 조심스럽게 당겨서 매듭이 남아있도록 한다. 같은 코에 넣으면 매듭이 사라져 보이지 않으니 주의한다.

www.stitch.show/frenchknot
방문 또는 QR 스캔

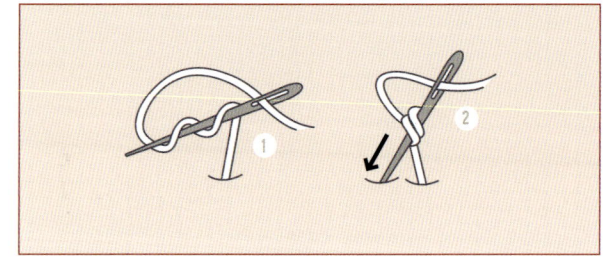

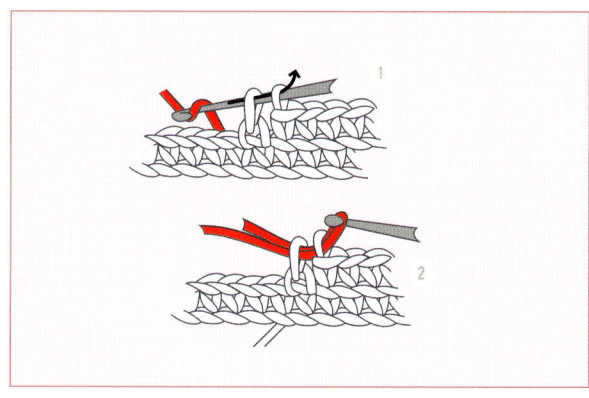

안 보이게 실 색깔 바꾸기

① 다른 색의 실로 바꾸고 싶을 때는 바꾸기 2코 전부터 작업한다. 마지막 걸린 고리를 당기지 않는다.

② 대신 새로운 색의 실을 걸어 당긴다. 색이 바뀐 고리가 다음 코가 된다.

www.stitch.
show/
colorchange
방문 또는
QR 스캔

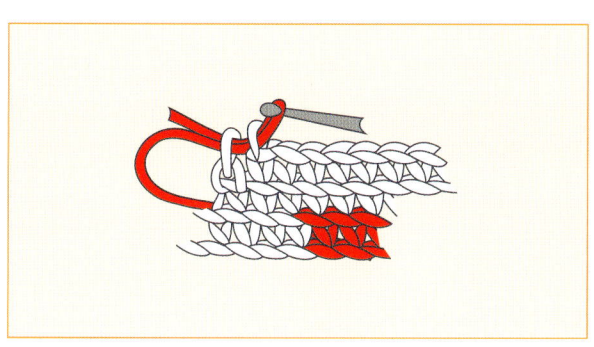

색 바꿔 뜨기

이 기법은 두 가지 색으로 작업할 때 사용한다. 뜨지 않는 실은 뒷면에 둔다. 사용할 때는 앞으로 다시 옮겨서 뜬다. 색을 바꿀 때는 항상 코를 먼저 떠야 한다. 실을 바꿀 때 뒤에 남아 있는 가닥은 느슨하게 유지하는 것이 좋다.

www.stitch.
show/jacquard
방문 또는
QR 스캔

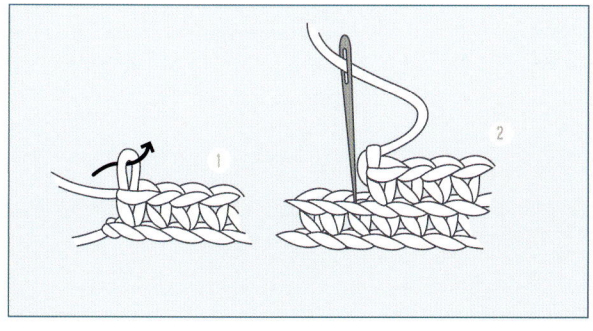

실 정리하기

① 뜨개를 마치면 마지막 코에서 여유 있게 실을 남기고 끊는다. 마지막 고리에 넣어 완전히 통과하도록 잡아당긴다.

② 매듭이 완성되면 남은 실을 돗바늘에 걸고 다음 코의 뒤쪽 고리에 넣어 감춘다.

③ 남은 실이 빠지지 않도록 여러 땀을 교차하며 실을 숨기고 자른다.

www.stitch.
show/
fastenoff
방문 또는
QR 스캔

연결하기

뜨개의 각 부분을 연결할 때는 핀으로 고정하여 모양을 잡은 후에 꿰매는 것이 좋아요. 가능하다면 남긴 꼬리실을 이용하거나 같은 색의 실을 사용하세요.

마무리되지 않고 일부분이 열려 있을 때: 조각의 코와 몸 부분의 앞 고리를 동시에 통과하여 꿰매어 입구를 막아요.

마무리되어 열린 부분이 없이 닫혀 있을 때: 연결하려는 두 부분을 정렬하여 맞추고 한쪽의 앞 고리와 다른 쪽의 뒤 고리를 통과해 꿰매요. 연결하려는 조각과 같은 색의 실을 사용하세요.

난이도

쉬움 (★), 보통 (★★), 어려움 (★★★)

모든 패턴에는 만들기 얼마나 쉽고 어려운지를 나타내는 난이도가 표시되어 있어요. 손뜨개 인형을 처음 만드는 경우 쉬운 패턴부터 중급 및 고급 패턴으로 옮겨가며 작업하는 것이 좋아요.

패턴의 구조

- 이 책의 패턴은 주로 연속적인 나선형으로 작업하게 되어 있어요. 나선형으로 뜨는 것은 단이 시작되고 이전 단이 끝나는 곳을 명확하게 알 수 없기 때문에 혼란스러울 수 있어요. 단을 알기 위해서는 마커나 안전핀으로 단의 끝에 표시해요. 다음 단을 뜨고 나면 마커 바로 위에 있어야 해요. 각 단이 끝날 때마다 마커를 이동하면 현재 뜨는 곳을 알 수 있어요.
- 각 줄의 시작 부분에는 현재 단을 나타내는 숫자가 있어요. 단이 반복되는 경우 '9~12단'이라면 같은 패턴으로 9, 10, 11, 12단을 반복하세요.
- 일부 패턴은 연속적인 나선형이 아닌 연결된 단으로 작업하게 되어 있어요. 단의 첫 번째 코에 빼뜨기로 끝내고 사슬뜨기로 마무리해요. 마지막 빼뜨기를 한 코가 다음 단의 첫 코가 돼요. 원통형으로 작업하는 대신 뒤집어가며 앞뒤로 이동하며 뜨는 방법이에요.
- 패턴 설명의 끝에는 총 콧수를 [9코]와 같이 표기했어요. 뜨는 중간에 총 콧수를 확인하면 실수를 줄일 수 있어요.
- 둥근 괄호 뒤에 × 표시가 있으면 괄호 안의 작업을 제시한 만큼 반복하세요. 패턴을 줄이고 덜 복잡하게 만들 수 있어요.

코바늘 동물인형 갤러리

각 패턴에는 해당 캐릭터의 전용 온라인 공간으로 이동하는 URL과 QR 코드가 포함되어 있어요. 완성된 손뜨개 인형을 공유하고, 다른 작품을 통해 영감을 얻고, 아이디어를 나눌 수 있어요. 링크를 따라가거나 휴대폰으로 QR코드를 스캔하세요. iOS 휴대폰은 카메라 모드에서 QR 코드를 자동으로 스캔하세요. Android 휴대폰의 경우 QR 코드 스캐닝을 활성화하거나 별도의 QR 리더 앱을 설치해야 할 수 있어요.

코바늘 동물인형 갤러리에 방문하세요.
www.amigurumi.com/3800
이 책의 패턴으로 만든 작품 사진을 공유하거나 다른 사람이 만든 캐릭터에서 영감을 얻으세요.

기본 재료와 도구

실
정해진 실로만 인형을 만들어야 하는 건 아니에요. 본인에게 맞는 실을 선택하되 바늘에 맞는 굵기의 실을 사용하면 됩니다. 일반적으로 1~2개 정도의 뜨개실이면 충분해요.

코바늘
바늘의 종류는 다양해요. 바늘이 크면 바늘땀도 커진답니다. 바늘에 맞는 무게의 실을 선택하는 것이 중요해요. 실 무게에 적절한 표준 뜨개바늘 크기를 확인하세요. 단, 손뜨개 인형을 만들 때는 일반적으로 권장하는 것보다 2~3 사이즈 작은 바늘을 사용하세요. 바늘땀이 작아지면 인형 속 재료가 밖으로 빠지지 않아요.

바늘은 일반적으로 알루미늄이나 강철로 만들어요. 금속 바늘은 더 쉽게 미끄러질 수 있어요. 고무나 인체공학적 손잡이가 있는 바늘이 사용하기 편리해요.

마커
마커는 금속이나 플라스틱으로 된 작은 클립이에요. 시작점이나 각 단의 스티치 수가 맞는지 확인하려고 표시하기도 해요. 각 단의 마지막 코에 걸어 표시해 두면 편해요.

충전재
충전재로는 폴리에스테르 섬유를 사용하는 것이 좋아요. 세탁할 수 있고, 가격도 저렴해요. 인형 속을 채우는 것은 생각보다 까다로울 수 있어요. 채우는 정도에 따라서 완성된 모양이 달라지니까요. 한꺼번에 많은 양을 밀어 넣지 말고 조금씩 넣어 모양을 만드세요. 나무

숟가락이나 젓가락을 사용하면 작은 부분도 채울 수 있어요. 너무 많이 채우면 인형이 늘어나고 속이 비쳐 보일 수 있으니 주의하세요.

인형눈
대부분 패턴에는 인형눈을 사용해요. 와셔를 부착하는 형태의 눈은 한번 붙이면 떼어낼 수 없으니, 위치를 미리 확인하세요. 3세 미만의 아이를 위한 인형을 만들 때는 자수로 눈을 만드는 것이 안전해요.

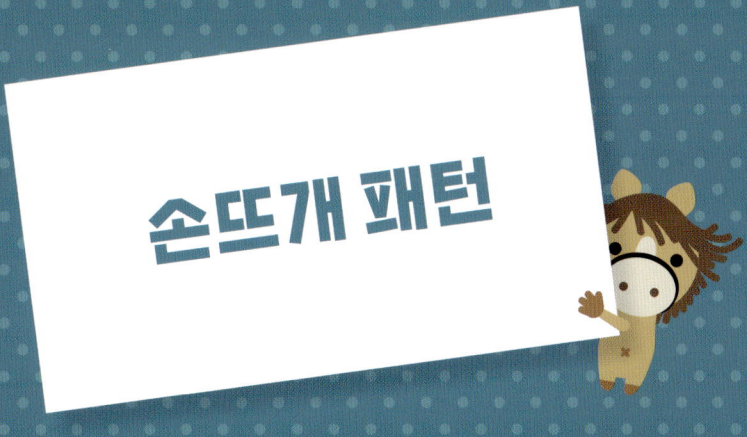

코알라 카이

by Lemon Yarn Creations
(Andreia Ferreira)

난이도: ★★

완성 사이즈: 10cm

준비물
- 실: 연하늘색, 진회색, 연초록색, 분홍색(조금) 흰색(부클사)
- 코바늘 2.5mm / 4.5mm
- 검정색 자수실
- 실, 바늘
- 마커
- 충전재

코바늘 동물인형 갤러리
www.amigurumi.com/3404
작품을 올리고 영감을 얻으세요!

머리 실: 연하늘색

*패턴에 따로 지시가 없다면 2.5mm 바늘을 사용한다.
머리 꼭대기에서 시작한다.

1단: 매직링에 짧은뜨기 6 [6코]
2단: 코늘리기 6코 [12코]
3단: (짧은뜨기 1, 코늘리기 1) × 6 [18코]
4단: (짧은뜨기 2, 코늘리기 1) × 6 [24코]
5단: (짧은뜨기 3, 코늘리기 1) × 6 [30코]
6단: (짧은뜨기 4, 코늘리기 1) × 6 [36코]
7단: (짧은뜨기 5, 코늘리기 1) × 6 [42코]
8단: (짧은뜨기 6, 코늘리기 1) × 6 [48코]
9단: (짧은뜨기 7, 코늘리기 1) × 6 [54코]
10단: (짧은뜨기 8, 코늘리기 1) × 6 [60코]
11~16단: 짧은뜨기 60 [60코]
17단: (짧은뜨기 9, 코늘리기 1) × 6 [66코]
18단: 짧은뜨기 66 [66코]
19단: 짧은뜨기 18, (코늘리기 1, 짧은뜨기 1) × 3, 짧은뜨기 16, (짧은뜨기 1, 코늘리기 1) × 3, 짧은뜨기 20 [72코]

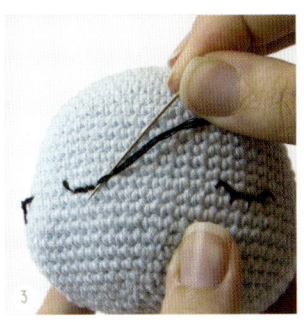

20~21단: 짧은뜨기 72 [72코]
22단: (짧은뜨기 10, 안 보이게 코줄이기 1) × 6 [66코]
23단: (짧은뜨기 9, 안 보이게 코줄이기 1) × 6 [60코]
24단: (짧은뜨기 8, 안 보이게 코줄이기 1) × 6 [54코]
25단: (짧은뜨기 7, 안 보이게 코줄이기 1) × 6 [48코]
26단: (짧은뜨기 6, 안 보이게 코줄이기 1) × 6 [42코]
충전재를 채우고 계속한다.
27단: (짧은뜨기 5, 안 보이게 코줄이기 1) × 6 [36코]
28단: (짧은뜨기 4, 안 보이게 코줄이기 1) × 6 [30코]
29단: (짧은뜨기 3, 안 보이게 코줄이기 1) × 6 [24코]
30단: (짧은뜨기 2, 안 보이게 코줄이기 1) × 6 [18코]
31단: (짧은뜨기 1, 안 보이게 코줄이기 1) × 6 [12코]
32단: 안 보이게 코줄이기 6 [6코]
꼬리실을 남기고 끊는다. 남은 코의 앞고리에 실을 통과하여 잡아당겨 조인다. 실을 정리한다. 검정색 자수실과 바늘로 17단에 눈을 수놓는다. 5코 간격을 두고, 19단의 코늘리기한 코에서 시작한다.(사진 1-2)
눈을 수놓은 후, 실로 스티치에 감아 더 두꺼운 선을 만든다. 실을 정리한다.(사진 3) 아래 속눈썹을 추가하려면 원래 실 가닥의 반만 사용하여 작은 선을 수놓는다.

코 실: 진회색
1단: 매직링에 짧은뜨기 6 [6코]
2단: 코늘리기 6 [12코]
3~6단: 짧은뜨기 12 [12코]
7단: (짧은뜨기 2, 안 보이게 코줄이기 1) × 3 [9코]
8단: (짧은뜨기 1, 안 보이게 코줄이기 1) × 3 [6코]
꼬리실을 남기고 끊는다. 코는 충전재를 채우지 않는다. 남은 코의 앞고리에 실을 통과하여 잡아당겨 조인다. 실을 정리한다. 13~20단의 눈 사이에 코를 붙인다. 입은 코 아래에 세로로 수놓는다.(사진 4)

볼(2개) 실: 분홍색
1단: 매직링에 짧은뜨기 5 [5코]
2단: 코늘리기 5 [10코]
3단: (짧은뜨기 1, 코늘리기 1) × 5 [15코]
꼬리실을 남기고 끊는다. 18~22단 사이의 눈 옆에 붙인다.

귀(2개)

선택 1 실: 흰색 | 코바늘 4.5mm

1단: 매직링에 짧은뜨기 6, 사슬뜨기 1, 뒤집기 [6코]
2단: 코늘리기 6, 사슬뜨기 1, 뒤집기 [12코]
3단: 짧은뜨기 12 [12코]
꼬리실을 남기고 끊는다. 귀는 충전재를 채우지 않는다. 6단과 18단 사이에 볼에서 3코 정도 간격을 두고 머리 옆쪽에 붙인다.

선택 2 실: 연하늘색

1단: 매직링에 짧은뜨기 6 [6코]
2단: 코늘리기 6 [12코]
3단: (짧은뜨기 1, 코늘리기 1) × 6 [18코]
4단: (짧은뜨기 2, 코늘리기 1) × 6 [24코]
5단: (짧은뜨기 3, 코늘리기 1) × 6 [30코]
6~10단: 짧은뜨기 30 [30코]
꼬리실을 남기고 끊는다. 귀는 충전재를 채우지 않는다. 귀를 납작하게 잡고 6~18단 사이, 볼에서 3코 정도 간격을 두고 머리 옆쪽에 붙인다.

몸 실: 연하늘색

1단: 매직링에 짧은뜨기 6 [6코]
2단: 코늘리기 6 [12코]
3단: (짧은뜨기 1, 코늘리기 1) × 6 [18코]
4단: (짧은뜨기 2, 코늘리기 1) × 6 [24코]
5단: (짧은뜨기 3, 코늘리기 1) × 6 [30코]
6단: (짧은뜨기 4, 코늘리기 1) × 6 [36코]
7단: (짧은뜨기 5, 코늘리기 1) × 6 [42코]
8단: (짧은뜨기 6, 코늘리기 1) × 6 [48코]
9단: (짧은뜨기 7, 코늘리기 1) × 6 [54코]
10~15단: 짧은뜨기 54 [54코]
16단: (안 보이게 코줄이기 1, 짧은뜨기 2) × 3, 짧은뜨기 42 [51코]
17단: 짧은뜨기 51 [51코]
18단: (짧은뜨기 15, 안 보이게 코줄이기 1) × 3 [48코]
19단: 짧은뜨기 48 [48코]
20단: (짧은뜨기 6, 안 보이게 코줄이기 1) × 6 [42코]
21~22단: 짧은뜨기 42 [42코]
23단: (짧은뜨기 5, 안 보이게 코줄이기 1) × 6 [36코]
24~25단: 짧은뜨기 36 [36코]
여기까지 충전재를 채운다.
26단: (짧은뜨기 4, 안 보이게 코줄이기 1) × 6 [30코]
27~28단: 짧은뜨기 30 [30코]
29단: (짧은뜨기 3, 안 보이게 코줄이기 1) × 6 [24코]
입구 부분을 납작하게 눌러 잡고, 양쪽 코를 모두 통과한다.
30단: 짧은뜨기 12 [12코] (사진 5-6)
꼬리실을 남기고 끊는다. 몸의 마지막 단에 머리의 아랫부분을 핀으로 고정한다. (사진 7) 몸통의 22단까지 머리를 고정하면 코알라의 잠자는 자세가 완성된다. (사진 8)

팔(2개) 실: 연하늘색

1단: 매직링에 짧은뜨기 6 [6코]
2단: 코늘리기 6 [12코]
3~14단: 짧은뜨기 12 [12코]
충전재를 가볍게 채운다. 입구 부분을 납작하게 잡고, 양쪽 코를 모두 통과하여 작업한다.
15단: 짧은뜨기 6 [6코](사진 9)
꼬리실을 남기고 끊는다. 팔의 마지막 단을 몸의 19단에 붙인다. 팔이 닿는 곳에 몇 땀을 떠서 고정한다.(사진 10)

다리(2개) 실: 연하늘색

1단: 매직링에 짧은뜨기 6 [6코]
2단: 코늘리기 6 [12코]
3단: (짧은뜨기 3, 코늘리기 1) × 3 [15코]
4~7단: 짧은뜨기 15 [15코]
여기까지 충전재를 채운다.
8단: 코늘리기 3, 짧은뜨기 12 [18코]
9단: (짧은뜨기 1, 코늘리기 1) × 3, 짧은뜨기 12 [21코]
10~12단: 짧은뜨기 21 [21코]
13단: (짧은뜨기 5, 안 보이게 코줄이기 1) × 3 [18코]
14단: (짧은뜨기 4, 안 보이게 코줄이기 1) × 3 [15코]
15단: (짧은뜨기 3, 안 보이게 코줄이기 1) × 3 [12코]
16단: 안 보이게 코줄이기 6 [6코]
꼬리실을 남기고 끊는다. 남은 코의 앞고리에 실을 통과하여 잡아당겨 조인다. 충전재를 채우지 않은 부분을 납작하게 잡고 작업한다. 팔과 같은 높이로 몸의 8~16단 사이에 붙인다.

잎사귀 담요 실: 연초록색

1단: 사슬뜨기 27, 4번째 사슬코에서 시작하여 두길긴뜨기 10(사진 13), 긴뜨기 5, 한길긴뜨기 5, 짧은뜨기 4(사진14), 기초 사슬코의 반대쪽 고리에 짧은뜨기 4(사진15), 긴뜨기 5, 한길긴뜨기 5, 두길긴뜨기 10, 사슬뜨기 3, 빼뜨기 [48코]

2단: 뜨지 않은 사슬코에 긴뜨기 3(사진 16), 다음 코에 한길긴뜨기 3, 한길긴뜨기 12, 긴뜨기 6, 짧은뜨기 4, 사슬뜨기 1, 다음 코에 빼뜨기, 짧은뜨기 4, 긴뜨기 6, 한길긴뜨기 12, 다음 코에 한길긴뜨기 3, 뜨지 않은 사슬코에 긴뜨기 3 [58코]

줄기: 같은 코에 빼뜨기, 사슬뜨기 4, 2번째 사슬코에서 시작하여 빼뜨기 3, 다음 코에 빼뜨기

꼬리실을 남기고 끊는다. 코알라의 등에 바느질하여 붙이거나, 원하는 곳에 자유롭게 장식한다.

아기별새 카를로스

by YOUnique Crafts (Noah McLeroy)

난이도: ★★
완성 사이즈: 13cm

준비물
- 실: 연두색, 청록색, 하늘색, 회색, 검정색(조금)
- 인형눈 12mm
- 코바늘 3.5mm
- 돗바늘
- 충전재
- 파이프 클리너(털실 철사)
- 마커
- 가위

코바늘 동물인형 갤러리
www.amigurumi.com/1403
작품을 올리고 영감을 얻으세요!

머리 실: 연두색

1단: 매직링에 짧은뜨기 6 [6코]
2단: 코늘리기 6 [12코]
3단: (짧은뜨기 1, 코늘리기 1) × 6 [18코]
4단: (짧은뜨기 2, 코늘리기 1) × 6 [24코]
5단: (짧은뜨기 3, 코늘리기 1) × 6 [30코]
6단: (짧은뜨기 4, 코늘리기 1) × 6 [36코]
7단: (짧은뜨기 5, 코늘리기 1) × 6 [42코]
8단: (짧은뜨기 6, 코늘리기 1) × 6 [48코]
9단: (짧은뜨기 7, 코늘리기 1) × 6 [54코]
10~13단: 짧은뜨기 54 [54코]
14단: (짧은뜨기 8, 코늘리기 1) × 6 [60코]

17단의 22번째 코와 40번째 코에 인형눈을 달 수 있도록 마커로 표시한다.

15~19단: 짧은뜨기 60 [60코]
20단: (안 보이게 코줄이기 1, 짧은뜨기 8) × 6 [54코]

21단: (안 보이게 코줄이기 1, 짧은뜨기 7) × 6 [48코]
22단: (안 보이게 코줄이기 1, 짧은뜨기 6) × 6 [42코]
23단: (안 보이게 코줄이기 1, 짧은뜨기 5) × 6 [36코]
24단: (안 보이게 코줄이기 1, 짧은뜨기 4) × 6 [30코]
표시해 둔 곳에 인형눈을 붙인다. 충전재를 채우고 계속한다.
25단: (안 보이게 코줄이기 1, 짧은뜨기 3) × 6 [24코]
26단: (안 보이게 코줄이기 1, 짧은뜨기 2) × 6 [18코]
27단: (안 보이게 코줄이기 1, 짧은뜨기 1) × 6 [12코]
28단: 안 보이게 코줄이기 6 [6코]
실을 끊고 정리한다.

머리 모양 만들기(선택)

연두색 실 한가닥을 바늘에 꿰어 머리의 27단에 넣고 오른쪽 눈의 안쪽 옆으로 뺀다.(사진 1) 실을 눈의 뒤쪽으로 감아(사진 2) 바늘이 나온 곳과 같은 곳에 다시 넣는다. 바늘을 한 코 건너뛰고 다시 뺀다. 두 가닥의 실을 잡아당겨 묶는다.(사진 3) 왼쪽 눈에도 같은 방법으로 바느질하고 실을 끊고 정리한다.

몸 실: 연두색, 청록색

색을 바꿔가며 작업한다.(참고: p.17, 사진 4)
1단: 연두색. 매직링에 짧은뜨기 6 [6코]
2단: 코늘리기 6 [12코]
3단: (짧은뜨기 1, 코늘리기 1) × 6 [18코]
4단: (짧은뜨기 2, 코늘리기 1) × 6 [24코]
5단: (짧은뜨기 3, 코늘리기 1) × 6 [30코]
6단: (짧은뜨기 4, 코늘리기 1) × 6 [36코]
다음 단부터 색을 바꿔가며 작업한다.
7단: (연두색) (짧은뜨기 5, 코늘리기 1) × 5, 짧은뜨기 2, (청록색) 짧은뜨기 3, 코늘리기 1 [42코]
8단: 짧은뜨기 3, (연두색) (짧은뜨기 3, 코늘리기 1, 짧은뜨기 3) × 4, 짧은뜨기 3, 코늘리기 1, (청록색) 짧은뜨기 6, 코늘리기 1 [48코]
9단: 짧은뜨기 5, (연두색) 짧은뜨기 33, (청록색) 짧은뜨기 10 [48코]
10단: 짧은뜨기 8, (연두색) 짧은뜨기 30, (청록색) 짧은뜨기 10 [48코]
11단: 짧은뜨기 6, 안 보이게 코줄이기 1, 짧은뜨기 1, (연두색) (짧은뜨기 5, 안 보이게 코줄이기 1, 짧은뜨기 1) × 3, 짧은뜨기

4, (청록색) 짧은뜨기 1, 안 보이게 코줄이기 1, 짧은뜨기 6, 안 보이게 코줄이기 1 [42코]

12단: 짧은뜨기 9, (연두색) 짧은뜨기 24, (청록색) 짧은뜨기 9 [42코]

13단: 짧은뜨기 9, (연두색) 짧은뜨기 25, (청록색) 짧은뜨기 8 [42코]

14단: 짧은뜨기 5, 안 보이게 코줄이기 1, 짧은뜨기 2, (연두색) (짧은뜨기 3, 안 보이게 코줄이기 1, 짧은뜨기 2) × 3, 짧은뜨기 3, 안 보이게 코줄이기 1, (청록색) 짧은뜨기 5, 안 보이게 코줄이기 1 [36코]

15~16단: 짧은뜨기 8, (연두색) 짧은뜨기 23, (청록색) 짧은뜨기 5 [36코]

17단: 짧은뜨기 4, 안 보이게 코줄이기 1, 짧은뜨기 2, (연두색) (짧은뜨기 2, 안 보이게 코줄이기 1, 짧은뜨기 2) × 4, (청록색) 짧은뜨기 2, 안 보이게 코줄이기 1 [30코]

18단: 짧은뜨기 1, 다음 코에 빼뜨기 [2코]

뜨지 않은 코는 남겨둔다. 꼬리실을 남기고 끊는다. 충전재를 채운다. 몸의 연두색 부분이 앞쪽으로 오도록 하여 머리를 붙인다.

머리 윗부분 실: 청록색

1단: 사슬뜨기 3, 2번째 사슬코에서 시작하여 코늘리기 2, 사슬뜨기 1, 뒤집기 [4코]

2~3단: 짧은뜨기 4, 사슬뜨기 1, 뒤집기 [4코]

4단: 짧은뜨기 1, 코늘리기 2, 짧은뜨기 1, 사슬뜨기 1, 뒤집기 [6코]

5단: 짧은뜨기 6, 사슬뜨기 1, 뒤집기 [6코]

6단: 짧은뜨기 2, 코늘리기 2, 짧은뜨기 2, 사슬뜨기 1, 뒤집기 [8코]

7단: 짧은뜨기 8, 사슬뜨기 1, 뒤집기 [8코]

8단: 짧은뜨기 3, 코늘리기 2, 짧은뜨기 3, 사슬뜨기 1, 뒤집기 [10코]

9단: 짧은뜨기 10, 사슬뜨기 1, 뒤집기 [10코]

10단: 짧은뜨기 4, 코늘리기 2, 짧은뜨기 4, 사슬뜨기 1, 뒤집기 [12코]

11단: 짧은뜨기 12, 사슬뜨기 1, 뒤집기 [12코]

12단: 짧은뜨기 5, 코늘리기 2, 짧은뜨기 5, 사슬뜨기 1, 뒤집기 [14코]

13~16단: 짧은뜨기 14, 사슬뜨기 1, 뒤집기 [14코]

17단: 짧은뜨기 4, 긴뜨기 1, 한길긴뜨기 4, 긴뜨기 1, 짧은뜨기 4, 사슬뜨기 1, 뒤집기 [14코]

18단: 짧은뜨기 14, 사슬뜨기 1, 뒤집기 [14코]

19단: 짧은뜨기 4, 긴뜨기 1, 한길긴뜨기 4, 긴뜨기 1, 짧은뜨기 4, 사슬뜨기 1, 뒤집기 [14코]

20단: 짧은뜨기 14, 사슬뜨기 1, 뒤집기 [14코]

21단: 짧은뜨기 2, 긴뜨기 1, 한길긴뜨기 8, 긴뜨기 1, 짧은뜨기 2, 사슬뜨기 1, 뒤집기 [14코]

22단: 짧은뜨기 14, 사슬뜨기 1, 뒤집기 [14코]

23단: 짧은뜨기 2, 긴뜨기 1, 한길긴뜨기 8, 긴뜨기 1, 짧은뜨기 2, 사슬뜨기 1, 뒤집기 [14코]

24단: 짧은뜨기 14, 사슬뜨기 1, 뒤집기 [14코]

25단: 짧은뜨기 2, 긴뜨기 1, 한길긴뜨기 8, 긴뜨기 1, 짧은뜨기

2, 사슬뜨기 1, 뒤집기 [14코]

26단: 짧은뜨기 14, 사슬뜨기 1, 뒤집기 [14코]

27단: 코늘리기 1, 짧은뜨기 12, 코늘리기 1, 사슬뜨기 1, 뒤집기 [16코]

28단: 짧은뜨기 16, 사슬뜨기 1, 뒤집기 [16코]

29단: 코늘리기 1, 짧은뜨기 14, 코늘리기 1, 사슬뜨기 1, 뒤집기 [18코]

30단: 짧은뜨기 18, 사슬뜨기 1, 뒤집기 [18코]

31단: 코늘리기 1, 짧은뜨기 16, 코늘리기 1, 사슬뜨기 1, 뒤집기 [20코]

32단: 짧은뜨기 20, 사슬뜨기 1, 뒤집기 [20코]

33단: 짧은뜨기 6, 안 보이게 코줄이기 1, 짧은뜨기 4, 안 보이게 코줄이기 1, 짧은뜨기 6, 사슬뜨기 1, 뒤집기 [18코]

34단: 짧은뜨기 18, 사슬뜨기 1, 뒤집기 [18코]

35단: 짧은뜨기 5, 안 보이게 코줄이기 1, 짧은뜨기 4, 안 보이게 코줄이기 1, 짧은뜨기 5, 사슬뜨기 1, 뒤집기 [16코]

36단: 짧은뜨기 4, 안 보이게 코줄이기 1, 짧은뜨기 4, 안 보이게 코줄이기 1, 짧은뜨기 4, 사슬뜨기 1, 뒤집기 [14코]

37단: 짧은뜨기 3, 안 보이게 코줄이기 1, 짧은뜨기 4, 안 보이게 코줄이기 1, 짧은뜨기 2, 코늘리기 1 [13코]

옆쪽으로 머리 윗부분 전체를 따라 계속하여 작업한다.

첫 번째 옆면을 따라 짧은뜨기 3, 안 보이게 코줄이기 1, 짧은뜨기 2, 안 보이게 코줄이기 1, 짧은뜨기 1, 안 보이게 코줄이기 1, (짧은뜨기 2, 안 보이게 코줄이기 1) × 2, (짧은뜨기 3, 안 보이게 코줄이기 1) × 2, 짧은뜨기 5 [28코] (사진 5)

시작 사슬코에 코늘리기 2 [4코]

두 번째 옆쪽을 따라 짧은뜨기 5, (안 보이게 코줄이기 1, 짧은뜨기 3) × 2, (안 보이게 코줄이기 1, 짧은뜨기 2) × 2, 안 보이게 코줄이기 1, 짧은뜨기 1, 안 보이게 코줄이기 1, 짧은뜨기 2, 안 보이게 코줄이기 1, 짧은뜨기 4 [29코/ 총 61코]

빼뜨기한 후 꼬리실을 남기고 끊는다.

넓은 쪽 12코 부분을 몸의 17단 청록색 부분에 바느질한다. 반대쪽 부분은 머리의 16단, 눈 사이에 바느질한다. (그림 6)

부리 실: 검정색

1단: 매직링에 짧은뜨기 6 [6코]

2단: 짧은뜨기 6 [6코]

3단: 코늘리기 1, 짧은뜨기 5 [7코]

4단: 코늘리기 2, 짧은뜨기 5 [9코]

5단: 짧은뜨기 9 [9코]

6단: (짧은뜨기 1, 코늘리기 1) × 2, 짧은뜨기 5 [11코]

7~8단: 짧은뜨기 11 [11코]

9단: 짧은뜨기 3, 다음 코에 빼뜨기 [4코]

뜨지 않은 코는 남겨둔다. 꼬리실을 남기고 끊는다. 충전재를 채우고, 눈 사이에 붙인다.

날개(2개) 실: 하늘색

1단: 매직링에 짧은뜨기 6 [6코]

2단: 코늘리기 6 [12코]

3단: (짧은뜨기 3, 코늘리기 1) × 3 [15코]

4단: 짧은뜨기 15 [15코]

5단: (짧은뜨기 3, 안 보이게 코줄이기 1) × 3 [12코]

6단: 짧은뜨기 12 [12코]

7단: (짧은뜨기 2, 안 보이게 코줄이기 1) × 3 [9코]

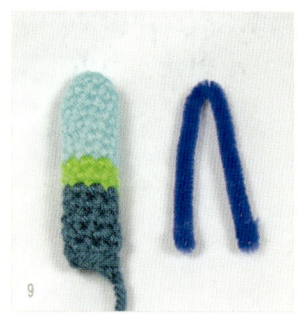

꽁지깃(3개) 실: 하늘색, 연두색, 청록색

1단: 하늘색. 매직링에 짧은뜨기 6 [6코]

2단: (짧은뜨기 2, 코늘리기 1) × 2 [8코]

3~8단: 짧은뜨기 8 [8코]

9~10단: 연두색. 짧은뜨기 8 [8코]

11~14단: 청록색. 짧은뜨기 8 [8코]

15단: (짧은뜨기 2, 안 보이게 코줄이기 1) × 2 [6코]

꼬리실을 남기고 끊는다. 파이프 클리너 3개를 꼬리 길이의 2배만큼 잘라 반으로 접는다.(사진 9) 꼬리에 하나씩 집어 넣는다. 꼬리실로 틈새를 메꾸며 바느질한다. 꽁지깃 2개를 몸의 뒤쪽 청록색 부분 바로 아래쪽에 붙인다. 꽁지깃 1개를 가장 중앙에 붙인다.(사진 10) 끝부분을 잘 마무리한다.

8단: 짧은뜨기 9 [9코]

9단: (짧은뜨기 1, 안 보이게 코줄이기 1) × 3 [6코]

꼬리실을 남기고 끊는다. 충전재를 채우지 않는다. 남은 코의 앞고리에 실을 통과하여 잡아당겨 조인다. 몸의 15단에 날개의 2단을 붙인다.

발(2개) 실: 회색

2개의 발가락을 연결하여 발을 만든다.

1단: 매직링에 짧은뜨기 6 [6코]

2~4단: 짧은뜨기 6 [6코]

실을 끊고 정리한다. 같은 방법으로 발가락을 하나 더 만든다. 두 번째 발가락은 실을 끊지 않고 연결한다.

5단: 두 번째 발가락에 짧은뜨기 3, 첫 번째 발가락에 연결하여 짧은뜨기 6(사진 7), 두 번째 발가락에 짧은뜨기 3 [12코](사진 8)

6단: 짧은뜨기 2, 안 보이게 코줄이기 1, 짧은뜨기 4, 안 보이게 코줄이기 1, 짧은뜨기 2 [10코]

7단: 짧은뜨기 1, 3코 모아 짧은뜨기 1, 짧은뜨기 6 [8코]

8단: 짧은뜨기 8 [8코]

충전재를 가볍게 채운다.

9단: (짧은뜨기 1, 안 보이게 코줄이기 1, 짧은뜨기 1) × 2 [6코]

꼬리실을 남기고 끊는다. 남은 코의 앞고리에 실을 통과하여 잡아당겨 조인다. 발을 몸 앞쪽에 3~4코 정도의 간격을 두고 붙인다.

개미핥기 안티

by Lemon Yarn Creations
(Andreia Ferreira)

난이도: ★★★
완성 사이즈: 15cm

준비물
- 실: 크림색, 연갈색, 분홍색(조금)
- 인형눈 10mm
- 코바늘 2.5mm
- 돗바늘
- 충전재
- 마커

코바늘 동물인형 갤러리
www.amigurumi.com/3413
작품을 올리고 영감을 얻으세요!

몸 실: 크림색, 연갈색

1단: 크림색. 매직링에 짧은뜨기 6 [6코]
2단: 코늘리기 6 [12코]
3단: (짧은뜨기 1, 코늘리기 1) × 6 [18코]
4단: (짧은뜨기 2, 코늘리기 1) × 6 [24코]
5단: (짧은뜨기 3, 코늘리기 1) × 6 [30코]
6단: (짧은뜨기 4, 코늘리기 1) × 6 [36코]
7단: (짧은뜨기 5, 코늘리기 1) × 6 [42코]
8단: (짧은뜨기 6, 코늘리기 1) × 6 [48코]
9단: (짧은뜨기 7, 코늘리기 1) × 6 [54코]
10단: (짧은뜨기 8, 코늘리기 1) × 6 [60코]
11단: (짧은뜨기 9, 코늘리기 1) × 6 [66코]
12단: (짧은뜨기 10, 코늘리기 1) × 6 [72코]
13단: (짧은뜨기 11, 코늘리기 1) × 6 [78코]

14단: (짧은뜨기 12, 코늘리기 1) × 6 [84코]

15단: 건너뛰기 42, 짧은뜨기 42 [42코] (사진 1-2)

작은 원이 만들어진다. 다음 단부터 색을 바꿔가며 작업한다.

16단: 짧은뜨기 6, (연갈색) 짧은뜨기 12, (크림색) 짧은뜨기 6, (연갈색) 짧은뜨기 12, (크림색) 짧은뜨기 6 [42코]

17단: 짧은뜨기 6, (연갈색) 코늘리기 1, 짧은뜨기 6, 코늘리기 1, 짧은뜨기 4, (크림색) 짧은뜨기 2, 코늘리기 1, 짧은뜨기 3, (연갈색) 짧은뜨기 3, 코늘리기 1, 짧은뜨기 6, 코늘리기 1, 짧은뜨기 1, (크림색) 짧은뜨기 5, 코늘리기 1 [48코]

18단: 짧은뜨기 6, (연갈색) 짧은뜨기 15, (크림색) 짧은뜨기 6, (연갈색) 짧은뜨기 15, (크림색) 짧은뜨기 6 [48코]

19단: 짧은뜨기 6, (연갈색) 코늘리기 1, 짧은뜨기 8, 코늘리기 1, 짧은뜨기 5, (크림색) 짧은뜨기 6, (연갈색) 코늘리기 1, 짧은뜨기 3, 코늘리기 1, 짧은뜨기 7, 코늘리기 1, 짧은뜨기 2, (크림색) 짧은뜨기 5, 코늘리기 1 [54코]

20단: 짧은뜨기 6, (연갈색) 짧은뜨기 18, (크림색) 짧은뜨기 5, (연갈색) 짧은뜨기 19, (크림색) 짧은뜨기 6 [54코]

21단: 짧은뜨기 5, (연갈색) 안 보이게 코줄이기 1, 짧은뜨기 16, 코늘리기 1, (크림색) 짧은뜨기 4, (연갈색) 안 보이게 코줄이기 1, 짧은뜨기 17, 코늘리기 1, (크림색) 짧은뜨기 6 [54코]

22단: 짧은뜨기 5, (연갈색) 짧은뜨기 20, (크림색) 짧은뜨기 3, (연갈색) 짧은뜨기 21, (크림색) 짧은뜨기 5 [54코]

23단: 짧은뜨기 4, (연갈색) 안 보이게 코줄이기 1, 짧은뜨기 18, 코늘리기 1, (크림색) 짧은뜨기 2, (연갈색) 안 보이게 코줄이기 1, 짧은뜨기 19, 코늘리기 1, (크림색) 짧은뜨기 5 [54코]

24단: 짧은뜨기 4, (연갈색) 짧은뜨기 46, (크림색) 짧은뜨기 4 [54코]

25단: 짧은뜨기 1, 코늘리기 1, 짧은뜨기 2, (연갈색) 코늘리기 1, 짧은뜨기 2, 코늘리기 1, 짧은뜨기 38, 코늘리기 1, 짧은뜨기 2, 코늘리기 1, (크림색) 짧은뜨기 2, 코늘리기 1, 짧은뜨기 1 [60코]

26단: 짧은뜨기 5, (연갈색) 짧은뜨기 51, (크림색) 짧은뜨기 4 [60코]

27단: 짧은뜨기 4, (연갈색) 짧은뜨기 53, (크림색) 짧은뜨기 3 [60코]

28단: 짧은뜨기 3, (연갈색) 짧은뜨기 55, (크림색) 짧은뜨기 2 [60코]

29단: 짧은뜨기 2, (연갈색) 짧은뜨기 58 [60코]

크림색 실을 끊고 정리한다. 연갈색실로 계속하여 작업한다.

(사진 3) 충전재를 채운다.

30~34단: 짧은뜨기 60 [60코]

35단: (짧은뜨기 8, 안 보이게 코줄이기 1) × 6 [54코]

36단: 짧은뜨기 54 [54코]

37단: (짧은뜨기 7, 안 보이게 코줄이기 1) × 6 [48코]

38단: 짧은뜨기 48 [48코]

39단: (짧은뜨기 6, 안 보이게 코줄이기 1) × 6 [42코]

40단: (짧은뜨기 5, 안 보이게 코줄이기 1) × 6 [36코]

41단: (짧은뜨기 4, 안 보이게 코줄이기 1) × 6 [30코]

여기서 충전재를 채워서 아래쪽을 평평하게 만든다.

42단: (짧은뜨기 3, 안 보이게 코줄이기 1) × 6 [24코]

43단: (짧은뜨기 2, 안 보이게 코줄이기 1) × 6 [18코]

44단: (짧은뜨기 1, 안 보이게 코줄이기 1) × 6 [12코]

45단: 안 보이게 코줄이기 6 [6코]

실을 끊고 정리한다. 남은 코의 앞고리에 실을 통과하여 잡아당겨 조인다. (사진 4)

머리 실: 크림색, 연갈색

인형을 거꾸로 잡고 작업한다. 14단 뜨지 않은 첫 코에서 시작한다.(사진 5) 꼬리실을 길게 남기고 시작한다.

15~17단: 크림색. 짧은뜨기 42 [42코]
18단: (짧은뜨기 5, 안 보이게 코줄이기 1) × 6 [36코]
19단: 짧은뜨기 36 [36코]
20단: (짧은뜨기 10, 안 보이게 코줄이기 1) × 3 [33코]
21단: 짧은뜨기 33 [33코]
22단: (짧은뜨기 9, 안 보이게 코줄이기 1) × 3 [30코]
23단: 짧은뜨기 30 [30코]
24단: (짧은뜨기 8, 안 보이게 코줄이기 1) × 3 [27코]
25단: 짧은뜨기 27 [27코]
26단: (짧은뜨기 7, 안 보이게 코줄이기 1) × 3 [24코]
27단: 짧은뜨기 24 [24코]

20단과 21단 사이, 14코 간격을 두고 대칭이 되도록 인형눈을 붙인다.(사진 6) 충전재를 채운다. 머리와 몸이 연결되는 부분에는 단단하게 채워가며 작업한다.

28단: 짧은뜨기 8, (안 보이게 코줄이기 1, 짧은뜨기 2) × 3, 짧은뜨기 4 [21코]
29단: 짧은뜨기 21 [21코]
30단: (짧은뜨기 5, 안 보이게 코줄이기 1) × 3 [18코]
31단: 짧은뜨기 18 [18코]
32단: 연갈색. (짧은뜨기 4, 안 보이게 코줄이기 1) × 3 [15코]
33단: 짧은뜨기 15 [15코]
34단: (짧은뜨기 3, 안 보이게 코줄이기 1) × 3 [12코]
35단: 짧은뜨기 12 [12코]
36단: (짧은뜨기 2, 안 보이게 코줄이기 1) × 3 [9코]
37단: 뒷고리 이랑뜨기로 짧은뜨기 9 [9코]

꼬리실을 남기고 끊는다. 남은 코의 앞고리에 실을 통과하여 잡아당겨 조인다. 실을 정리한다. 꼬리실로 머리와 몸 사이의 틈새를 메꾸며 바느질한다.

볼(2개) 실: 분홍색

1단: 매직링에 짧은뜨기 6 [6코]
2단: 코늘리기 6 [12코]

빼뜨기한 후 꼬리실을 남기고 끊는다. 눈 아래, 15~19단 사이에 붙인다.

혀 실: 분홍색
1단: 사슬뜨기 10, 3번째 사슬코에서 시작하여 긴뜨기 8 [8코]
꼬리실을 남기고 끊는다. 혀가 들어갈 수 있도록 입의 앞부분을 바늘로 살짝 밀어넣는다. 머리의 37단에 혀를 붙인다.(사진 7-8)

귀(2개) 실: 연갈색
1단: 매직링에 짧은뜨기 6 [6코]
2단: (짧은뜨기 1, 코늘리기 1) × 3 [9코]
3~5단: 짧은뜨기 9 [9코]
6단: (짧은뜨기 1, 안 보이게 코줄이기 1) × 3 [6코]
꼬리실을 남기고 끊는다. 귀는 충전재를 채우지 않는다. 눈보다 약간 위쪽, 13~14단 사이에 붙인다.

팔(2개) 실: 크림색
1단: 매직링에 짧은뜨기 6 [6코]
2단: (짧은뜨기 1, 코늘리기 1) × 3 [9코]
3~4단: 짧은뜨기 9 [9코]
5단: (코늘리기 1, 짧은뜨기 1) × 3, 짧은뜨기 3 [12코]
6~7단: 짧은뜨기 12 [12코]
8단: (코늘리기 1, 짧은뜨기 2) × 3, 짧은뜨기 3 [15코]
9~18단: 짧은뜨기 15 [15코]
충전재를 가볍게 채운다. 입구 부분을 납작하게 잡고, 양쪽 코를 모두 통과하여 작업한다.
19단: 짧은뜨기 7 [7코](사진 9)

꼬리실을 남기고 끊는다. 몸의 16~24단 사이, 색이 바뀌는 곳에서 3코 지나서 붙인다. 팔의 중앙에 몇 땀을 떠서 몸에 고정한다.(사진 10)

다리(2개) 실: 크림색
1단: 사슬뜨기 6, 2번째 사슬코에서 시작하여 짧은뜨기 4, 다음 코에 짧은뜨기 3, 기초 사슬코의 반대쪽 고리에 짧은뜨기 3, 코늘리기 1 [12코]
2단: (짧은뜨기 1, 코늘리기 1) × 6 [18코]
3단: (짧은뜨기 2, 코늘리기 1) × 6 [24코]
4단: 짧은뜨기 24 [24코]
5단: 짧은뜨기 8, 안 보이게 코줄이기 3, 짧은뜨기 10 [21코]
6단: 짧은뜨기 7, 안 보이게 코줄이기 3, 짧은뜨기 8 [18코]
7~11단: 짧은뜨기 18 [18코]
충전재를 여기까지 채운다.
12단: 짧은뜨기 7, 코늘리기 3, 짧은뜨기 8 [21코]
13단: 짧은뜨기 7, (코늘리기 1, 짧은뜨기 1) × 3, 짧은뜨기 8 [24코]
14단: 짧은뜨기 7, (코늘리기 1, 짧은뜨기 2) × 3, 짧은뜨기 8 [27코]
15~19단: 짧은뜨기 27 [27코]
20단: (짧은뜨기 7, 안 보이게 코줄이기 1) × 3 [24코]
21단: (짧은뜨기 6, 안 보이게 코줄이기 1) × 3 [21코]
22단: (짧은뜨기 5, 안 보이게 코줄이기 1) × 3 [18코]
23단: (짧은뜨기 1, 안 보이게 코줄이기 1) × 6 [12코]
24단: 안 보이게 코줄이기 6 [6코]
꼬리실을 남기고 끊는다. 남은 코의 앞고리에 실을 통과하여 잡

17단: 짧은뜨기 6, (코늘리기 1, 짧은뜨기 2) × 3, 짧은뜨기 6 [24코]

18~19단: 짧은뜨기 24 [24코]

20단: 짧은뜨기 6, (코늘리기 1, 짧은뜨기 3) × 3, 짧은뜨기 6 [27코]

21~22단: 짧은뜨기 27 [27코]

꼬리실을 남기고 끊는다. 충전재를 채운다. 몸의 뒤쪽, 29~38단 사이에 붙인다.(사진 12)

아당겨 조인다. 다리의 속이 채워지지 않은 부분을 고르게 편다. 다리를 몸의 옆쪽, 29~40단 사이에 약간 뒤쪽으로 기대어 붙인다. 발은 손보다 조금 앞에 오도록 한다.(사진 11)

꼬리 실: 연갈색, 크림색

1단: 연갈색. 매직링에 짧은뜨기 6 [6코]

2단: (짧은뜨기 1, 코늘리기 1) × 3 [9코]

3~4단: 짧은뜨기 9 [9코]

5단: (짧은뜨기 2, 코늘리기 1) × 3 [12코]

6~7단: 크림색. 짧은뜨기 12 [12코]

8단: (짧은뜨기 3, 코늘리기 1) × 3 [15코]

9~10단: 연갈색. 짧은뜨기 15 [15코]

11단: (짧은뜨기 4, 코늘리기 1) × 3 [18코]

12~13단: 크림색. 짧은뜨기 18 [18코]

14단: 짧은뜨기 6, (코늘리기 1, 짧은뜨기 1) × 3, 짧은뜨기 6 [21코]

15~16단: 짧은뜨기 21 [21코]

꽃게 세드릭

by Elisa's Crochet
(Elisa Sartori)

난이도: ★
완성된 크기: 17cm

준비물:
- 실: 빨간색, 진주황색, 흰색(조금), 검정색(조금)
- 코바늘 3.25mm
- 검정색 자수실
- 돗바늘
- 마커
- 충전재

코바늘 동물인형 갤러리
www.amigurumi.com/3413
작품을 올리고 영감을 얻으세요!

눈자루(2개) 실: 빨간색
1단: 매직링에 짧은뜨기 6 [6코]
2단: 코늘리기 6 [12코]
3단: (짧은뜨기 1, 코늘리기 1) × 6 [18코]
4단: (짧은뜨기 2, 코늘리기 1) × 6 [24코]
5~9단: 짧은뜨기 24 [24코]
10단: (짧은뜨기 2, 안 보이게 코줄이기 1) × 6 [18코]
11단: 안 보이게 코줄이기 9 [9코]
12단: 앞고리 이랑뜨기로 짧은뜨기 9 [9코]
충전재를 채운다.
13~20단: 짧은뜨기 9 [9코]
실을 끊고 정리한다. 같은 방법으로 두 번째 눈자루를 만든다.
사슬뜨기 6, 실을 끊지 않는다.(사진 1) 다음 단에서 몸과 연결한다.

몸 실: 빨간색, 진주황색
21단: 빨간색. 첫 번째 눈자루에 계속하여 작업한다.(사진 2) 짧은뜨기 9, 사슬코에 긴뜨기 6(사진 3), 두 번째 눈자루에 짧은뜨기 9, 기초 사슬코의 반대쪽 고리에 긴뜨기 6 [30코](사진 4)
22단: 짧은뜨기 3, 코늘리기 3, 짧은뜨기 12, 코늘리기 3, 짧은뜨기 9 [36코]
23단: 짧은뜨기 4, 코늘리기 3, 짧은뜨기 16, 코늘리기 3, 짧은뜨기 10 [42코]

24단: (짧은뜨기 1, 코늘리기 1) × 21 [63코]

25~27단: 짧은뜨기 63 [63코]

28단: 짧은뜨기 10, 코늘리기 4, 짧은뜨기 13, 코늘리기 1, 짧은뜨기 15, 코늘리기 4, 짧은뜨기 16 [72코]

29단: 짧은뜨기 72 [72코]

30단: 짧은뜨기 10, (코늘리기 1, 짧은뜨기 1) × 3, 코늘리기 1, 짧은뜨기 30, (코늘리기 1, 짧은뜨기 1) × 3, 코늘리기 1, 짧은뜨기 18 [80코]

31~39단: 짧은뜨기 80 [80코]

40단: 앞고리 이랑뜨기로 짧은뜨기 80 [80코]

실을 끊고 정리한다. 39단의 첫 코 뒷고리에서 시작한다.(사진 5)

41단: 진주황색. 뒷고리 이랑뜨기로 짧은뜨기 80 [80코](사진 6)

42~43단: 짧은뜨기 80 [80코]

44단: 짧은뜨기 10, (안 보이게 코줄이기 1, 짧은뜨기 1) × 3, 안 보이게 코줄이기 1, 짧은뜨기 30, (안 보이게 코줄이기 1, 짧은뜨기 1) × 3, 안 보이게 코줄이기 1, 짧은뜨기 18 [72코]

45단: 짧은뜨기 10, 안 보이게 코줄이기 4, 짧은뜨기 13, 안 보이게 코줄이기 1, 짧은뜨기 15, 안 보이게 코줄이기 4, 짧은뜨기 16 [63코]

충전재를 채운다.

46단: (짧은뜨기 1, 안 보이게 코줄이기 1) × 21 [42코]

47단: (짧은뜨기 5, 안 보이게 코줄이기 1) × 6 [36코]

48단: (짧은뜨기 4, 안 보이게 코줄이기 1) × 6 [30코]

49단: (짧은뜨기 3, 안 보이게 코줄이기 1) × 6 [24코]

50단: (짧은뜨기 2, 안 보이게 코줄이기 1) × 6 [18코]

51단: (짧은뜨기 1, 안 보이게 코줄이기 1) × 6 [12코]

52단: 안 보이게 코줄이기 6 [6코]

실을 끊고 정리한다.

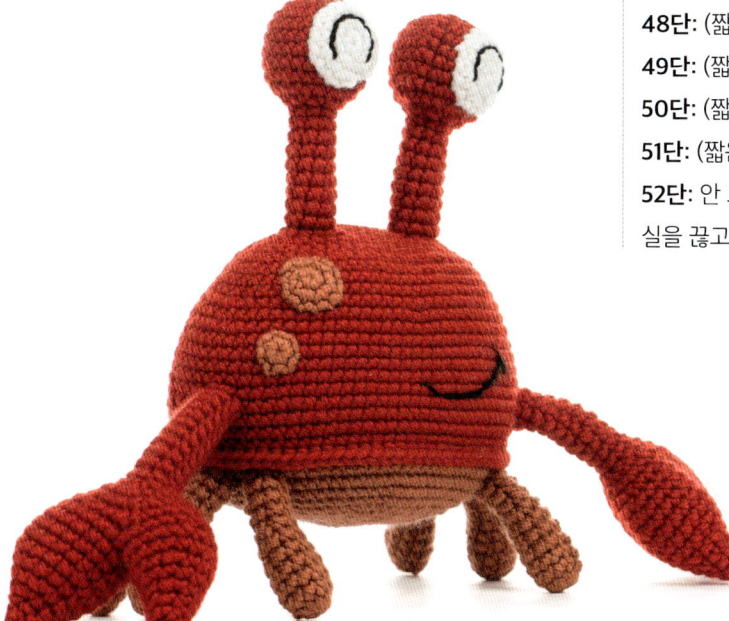

눈(2개) 실: 흰색

1단: 매직링에 짧은뜨기 6 [6코]
2단: 코늘리기 6 [12코]
3단: (짧은뜨기 1, 코늘리기 1) × 6 [18코]
꼬리실을 남기고 끊는다. 검정색 자수실로 2~3단 사이에 웃는 눈을 수놓고, 눈자루에 눈을 붙인다. 31~36단에 입을 수놓는다.

큰 조개 무늬 실: 진주황색

1단: 매직링에 짧은뜨기 6 [6코]
2단: 코늘리기 6 [12코]
꼬리실을 남기고 끊는다. 24~29단에 붙인다.

작은 조개 무늬 실: 진주황색

1단: 매직링에 짧은뜨기 6 [6코]
꼬리실을 남기고 끊는다. 30~34단에 붙인다.

긴 다리(2개) 실: 진주황색

1단: 매직링에 짧은뜨기 8 [8코]
2단: (짧은뜨기 3, 코늘리기 1) × 2 [10코]
3~4단: 짧은뜨기 10 [10코]
5단: (짧은뜨기 3, 안 보이게 코줄이기 1) × 2 [8코]
6단: 짧은뜨기 8 [8코]
7단: (짧은뜨기 2, 안 보이게 코줄이기 1) × 2 [6코]
충전재를 단단하게 채운다.
8~12단: 짧은뜨기 6 [6코]
꼬리실을 남기고 끊는다.

중간 다리(2개) 실: 진주황색

1단: 매직링에 짧은뜨기 8 [8코]
2단: (짧은뜨기 3, 코늘리기 1) × 2 [10코]
3~4단: 짧은뜨기 10 [10코]
5단: (짧은뜨기 3, 안 보이게 코줄이기 1) × 2 [8코]
6단: 짧은뜨기 8 [8코]
7단: (짧은뜨기 2, 안 보이게 코줄이기 1) × 2 [6코]
충전재를 단단하게 채운다.
8~11단: 짧은뜨기 6 [6코]
꼬리실을 남기고 끊는다.

짧은 다리(2개) 실: 진주황색

1단: 매직링에 짧은뜨기 8 [8코]
2단: (짧은뜨기 3, 코늘리기 1) × 2 [10코]
3~4단: 짧은뜨기 10 [10코]
5단: (짧은뜨기 3, 안 보이게 코줄이기 1) × 2 [8코]
6단: 짧은뜨기 8 [8코]
7단: (짧은뜨기 2, 안 보이게 코줄이기 1) × 2 [6코]
충전재를 단단하게 채운다.
8~10단: 짧은뜨기 6 [6코]
꼬리실을 남기고 끊는다. 41~44단 사이에 핀으로 미리 고정한다. 긴다리를 가장 뒤에 놓고, 중간 다리, 짧은 다리 순으로 붙인다.(사진 7) 다리는 한 코 간격을 두고 붙인다.(사진 8)

집게손(2개) 실: 빨간색

2개의 손가락을 만들면서 시작한다.

작은 손가락

1단: 매직링에 짧은뜨기 4 [4코]
2단: (짧은뜨기 1, 코늘리기 1) × 2 [6코]
3단: (짧은뜨기 2, 코늘리기 1) × 2 [8코]
4단: (짧은뜨기 3, 코늘리기 1) × 2 [10코]
5단: (짧은뜨기 4, 코늘리기 1) × 2 [12코]
6단: (짧은뜨기 2, 코늘리기 1) × 4 [16코]
7단: 짧은뜨기 16 [16코]
충전재를 채운다. 실을 끊고 정리한다.

13단: (짧은뜨기 3, 안 보이게 코줄이기 1) × 6 [24코]
14단: (짧은뜨기 2, 안 보이게 코줄이기 1) × 6 [18코]
15단: (짧은뜨기 7, 안 보이게 코줄이기 1) × 2 [16코]
충전재를 채운다.
16단: 안 보이게 코줄이기 8 [8코]
17~27단: 짧은뜨기 8 [8코]
꼬리실을 남기고 끊는다. 34~37단 사이에 핀으로 미리 고정한다.(사진 12) 작은 손가락이 앞쪽을 향하도록 붙인다.

큰 손가락

1단: 매직링에 짧은뜨기 4 [4코]
2단: (짧은뜨기 1, 코늘리기 1) × 2 [6코]
3단: (짧은뜨기 2, 코늘리기 1) × 2 [8코]
4단: (짧은뜨기 1, 코늘리기 1) × 4 [12코]
5단: (짧은뜨기 2, 코늘리기 1) × 4 [16코]
6단: (짧은뜨기 7, 코늘리기 1) × 2 [18코]
7단: (짧은뜨기 8, 코늘리기 1) × 2 [20코]
8~9단: 짧은뜨기 20 [20코]
충전재를 채운다. 실을 끊지 않고 다음 단에서 손가락을 연결한다.
10단: 작은 손가락의 첫 코에 짧은뜨기 1(사진 9), 짧은뜨기 15, 큰 손가락에 짧은뜨기 20 [36코](사진 10-11)
11단: (짧은뜨기 4, 안 보이게 코줄이기 1) × 6 [30코]
12단: 짧은뜨기 30 [30코]

하마 헨리

by Kamlin Patterns

난이도: ★★
완성된 크기: 30cm

준비물:
- 실: 연회색, 흰색, 남색, 연두색, 노란색(조금), 빨간색(조금)
- 코바늘 4mm
- 인형눈 16mm
- 검정색 자수실
- 단추 4개
- 비즈 구슬 2개
- 흰색 펠트 조각
- 돗바늘
- 핀
- 파이프 클리너(털실 철사)
- 마커
- 충전재

코바늘 동물인형 갤러리
www.amigurumi.com/302
작품을 올리고 영감을 얻으세요!

주둥이 실: 연회색

1단: 매직링에 짧은뜨기 6 [6코]
2단: 코늘리기 6 [12코]
3단: (짧은뜨기 1, 코늘리기 1) × 6 [18코]
4단: (짧은뜨기 2, 코늘리기 1) × 6 [24코]
5단: (짧은뜨기 3, 코늘리기 1) × 6 [30코]
6단: (짧은뜨기 4, 코늘리기 1) × 6 [36코]

7단: (짧은뜨기 5, 코늘리기 1) × 6 [42코]

8단: (짧은뜨기 6, 코늘리기 1) × 6 [48코]

9단: (짧은뜨기 7, 코늘리기 1) × 6 [54코]

10단: (짧은뜨기 8, 코늘리기 1) × 6 [60코]

11단: (짧은뜨기 9, 코늘리기 1) × 6 [66코]

12단: (짧은뜨기 10, 코늘리기 1) × 6 [72코]

13~25단: 짧은뜨기 72 [72코]

26단: (짧은뜨기 10, 안 보이게 코줄이기 1) × 6 [66코]

27단: (짧은뜨기 9, 안 보이게 코줄이기 1) × 6 [60코]

28단: (짧은뜨기 8, 안 보이게 코줄이기 1) × 6 [54코]

29단: (짧은뜨기 7, 안 보이게 코줄이기 1) × 6 [48코]

꼬리실을 남기고 끊는다. 충전재를 채운다.

머리 실: 연회색

1단: 매직링에 짧은뜨기 6 [6코]

2단: 코늘리기 6 [12코]

3단: (짧은뜨기 1, 코늘리기 1) × 6 [18코]

4단: (짧은뜨기 2, 코늘리기 1) × 6 [24코]

5단: (짧은뜨기 3, 코늘리기 1) × 6 [30코]

6단: (짧은뜨기 4, 코늘리기 1) × 6 [36코]

7단: (짧은뜨기 5, 코늘리기 1) × 6 [42코]

8단: (짧은뜨기 6, 코늘리기 1) × 6 [48코]

9단: (짧은뜨기 7, 코늘리기 1) × 6 [54코]

10단: (짧은뜨기 8, 코늘리기 1) × 6 [60코]

11단: (짧은뜨기 9, 코늘리기 1) × 6 [66코]

12단: (짧은뜨기 10, 코늘리기 1) × 6 [72코]

13~24단: 짧은뜨기 72 [72코]

25단: (짧은뜨기 10, 안 보이게 코줄이기 1) × 6 [66코]

26단: (짧은뜨기 9, 안 보이게 코줄이기 1) × 6 [60코]

27단: (짧은뜨기 8, 안 보이게 코줄이기 1) × 6 [54코]

28단: (짧은뜨기 7, 안 보이게 코줄이기 1) × 6 [48코]

29단: (짧은뜨기 6, 안 보이게 코줄이기 1) × 6 [42코]

30단: (짧은뜨기 5, 안 보이게 코줄이기 1) × 6 [36코]

31단: (짧은뜨기 4, 안 보이게 코줄이기 1) × 6 [30코]

32단: (짧은뜨기 3, 안 보이게 코줄이기 1) × 6 [24코]

펠트천을 인형눈보다 조금 더 큰 원으로 자른다. 가운데에 틈을 내고 인형눈을 넣는다. 8단과 9단 사이에 7코 간격을 두고 완성된 눈을 붙인다. 충전재를 채운다.

33단: (짧은뜨기 2, 안 보이게 코줄이기 1) × 6 [18코]

34단: (짧은뜨기 1, 안 보이게 코줄이기 1) × 6 [12코]

35단: 안 보이게 코줄이기 6 [6코]

꼬리실을 남기고 끊는다. 남은 코의 앞고리에 실을 통과하여 잡아당겨 조인다. 실을 정리한다. 11~30단 사이에 만들어 둔 주둥이를 붙인다.

귀(2개) 실: 연회색

1단: 매직링에 짧은뜨기 6 [6코]

2단: 코늘리기 6 [12코]

3단: 짧은뜨기 12 [12코]

꼬리실을 남기고 끊는다. 머리의 7~10단 사이에 붙인다.

콧구멍(2개) 실: 연회색
1단: 매직링에 짧은뜨기 7, 사슬뜨기 1, 뒤집기 [7코]
2단: 짧은뜨기 7, 사슬뜨기 1, 뒤집기 [7코]
3단: 코늘리기 1, 짧은뜨기 5, 코늘리기 1, 사슬뜨기 1, 뒤집기 [9코]
4단: 짧은뜨기 9 [9코]

꼬리실을 남기고 끊는다. 첫 단을 바짝 잡아당겨 조이고 코에 붙인다. 검정색 자수실로 눈썹과 입을 수놓는다.

몸 실: 연회색
1단: 매직링에 짧은뜨기 6 [6코]
2단: 코늘리기 6 [12코]
3단: (짧은뜨기 1, 코늘리기 1) × 6 [18코]
4단: (짧은뜨기 2, 코늘리기 1) × 6 [24코]
5단: (짧은뜨기 3, 코늘리기 1) × 6 [30코]
6단: (짧은뜨기 4, 코늘리기 1) × 6 [36코]
7단: (짧은뜨기 5, 코늘리기 1) × 6 [42코]
8단: (짧은뜨기 6, 코늘리기 1) × 6 [48코]
9단: (짧은뜨기 7, 코늘리기 1) × 6 [54코]
10단: (짧은뜨기 8, 코늘리기 1) × 6 [60코]
11단: (짧은뜨기 9, 코늘리기 1) × 6 [66코]
12단: (짧은뜨기 10, 코늘리기 1) × 6 [72코]
13단: (짧은뜨기 11, 코늘리기 1) × 6 [78코]
14단: (짧은뜨기 12, 코늘리기 1) × 6 [84코]
15단: (짧은뜨기 13, 코늘리기 1) × 6 [90코]
16~33단: 짧은뜨기 90 [90코]
34단: (짧은뜨기 13, 안 보이게 코줄이기 1) × 6 [84코]
35단: (짧은뜨기 12, 안 보이게 코줄이기 1) × 6 [78코]
36단: (짧은뜨기 11, 안 보이게 코줄이기 1) × 6 [72코]
37단: (짧은뜨기 10, 안 보이게 코줄이기 1) × 6 [66코]
38~42단: 짧은뜨기 66 [66코]
43단: (짧은뜨기 9, 안 보이게 코줄이기 1) × 6 [60코]
44~46단: 짧은뜨기 60 [60코]
47단: (짧은뜨기 8, 안 보이게 코줄이기 1) × 6 [54코]
48~49단: 짧은뜨기 54 [54코]
50단: (짧은뜨기 7, 안 보이게 코줄이기 1) × 6 [48코]
51단: 짧은뜨기 48 [48코]
52단: (짧은뜨기 6, 안 보이게 코줄이기 1) × 6 [42코]
53단: 짧은뜨기 42 [42코]
54단: (짧은뜨기 5, 안 보이게 코줄이기 1) × 6 [36코]
55단: (짧은뜨기 4, 안 보이게 코줄이기 1) × 6 [30코]
56단: (짧은뜨기 3, 안 보이게 코줄이기 1) × 6 [24코]

충전재를 채운다.

57단: (짧은뜨기 2, 안 보이게 코줄이기 1) × 6 [18코]

58단: (짧은뜨기 1, 안 보이게 코줄이기 1) × 6 [12코]

59단: 안 보이게 코줄이기 6 [6코]

꼬리실을 남기고 끊는다. 남은 코의 앞고리에 실을 통과하여 잡아당겨 조인다. 실을 정리한다. 몸에 붙인다.

다리(2개) 실: 연회색

1단: 매직링에 짧은뜨기 6 [6코]

2단: 코늘리기 6 [12코]

3단: (짧은뜨기 1, 코늘리기 1) × 6 [18코]

4단: (짧은뜨기 2, 코늘리기 1) × 6 [24코]

5단: (짧은뜨기 3, 코늘리기 1) × 6 [30코]

6단: (짧은뜨기 4, 코늘리기 1) × 6 [36코]

7단: 뒷고리 이랑뜨기로 짧은뜨기 36 [36코]

8~12단: 짧은뜨기 36 [36코]

13단: (짧은뜨기 4, 안 보이게 코줄이기 1) × 6 [30코]

14~18단: 짧은뜨기 30 [30코]

19단: (짧은뜨기 3, 안 보이게 코줄이기 1) × 6 [24코]

20~30단: 짧은뜨기 24 [24코]

충전재를 채운다.

31단: (짧은뜨기 2, 안 보이게 코줄이기 1) × 6 [18코]

32단: (짧은뜨기 1, 안 보이게 코줄이기 1) × 6 [12코]

33단: 안 보이게 코줄이기 6 [6코]

꼬리실을 남기고 끊는다. 남은 코의 앞고리에 실을 통과하여 잡아당겨 조인다. 실을 정리하고 몸에 붙인다. 만약 움직이는 다리를 만들고 싶다면 두꺼운 자수실과 버튼을 사용한다. 다리의 꼭대기 가운데 부분을 몸의 한 곳에만 고정하면 된다.

팔(2개) 실: 연회색

1단: 매직링에 짧은뜨기 6 [6코]

2단: 코늘리기 6 [12코]

3단: (짧은뜨기 1, 코늘리기 1) × 6 [18코]

4단: (짧은뜨기 2, 코늘리기 1) × 6 [24코]

5단: (짧은뜨기 3, 코늘리기 1) × 6 [30코]

6단: (짧은뜨기 4, 코늘리기 1) × 6 [36코]

7단: 뒷고리 이랑뜨기로 짧은뜨기 36 [36코]

8~12단: 짧은뜨기 36 [36코]

13단: (짧은뜨기 4, 안 보이게 코줄이기 1) × 6 [30코]

14~18단: 짧은뜨기 30 [30코]

19단: (짧은뜨기 3, 안 보이게 코줄이기 1) × 6 [24코]

20~36단: 짧은뜨기 24 [24코]

충전재를 채운다.

37단: (짧은뜨기 2, 안 보이게 코줄이기 1) × 6 [18코]

38단: (짧은뜨기 1, 안 보이게 코줄이기 1) × 6 [12코]

39단: 안 보이게 코줄이기 6 [6코]

꼬리실을 남기고 끊는다. 남은 코의 앞고리에 실을 통과하여 잡아당겨 조인다. 실을 정리한다. 다리와 같은 방법으로 팔을 몸에 붙인다.

수영복 실: 남색, 흰색

다리 부분

남색. 사슬뜨기 42. 첫 코에 빼뜨기 하여 원을 만든다. 원이 꼬이지 않도록 한다. 색을 바꿔가며 작업한다.

1~3단: (남색) 짧은뜨기 42 [42코]
4~6단: (흰색) 짧은뜨기 42 [42코]
7~9단: (남색) 짧은뜨기 42 [42코]

첫 번째 다리는 실을 끊고 정리한다. 두 번째 다리는 실을 끊지 않고 다음 단에서 연결한다.

몸 부분

색을 바꿔가며 작업한다.

10단: (흰색) 두 번째 다리에 짧은뜨기 42, 사슬 6, 첫 번째 다리에 짧은뜨기 42, 사슬뜨기 6, 두 번째 다리에 빼뜨기 [96코]
11~12단: (흰색) 짧은뜨기 96 [96코]
13~15단: (남색) 짧은뜨기 96 [96코]
16~18단: (흰색) 짧은뜨기 96 [96코]
19~21단: (남색) 짧은뜨기 96 [96코]
22~24단: (흰색) 짧은뜨기 96 [96코]
25~27단: (남색) 짧은뜨기 96 [96코]
28~30단: (흰색) 짧은뜨기 96 [96코]
31단: (남색) 짧은뜨기 96 [96코]
32단: (남색) (짧은뜨기 14, 안 보이게 코줄이기 1) × 6 [90코]
33단: (남색) 짧은뜨기 90 [90코]
34~36단: (흰색) 짧은뜨기 90 [90코]
37~39단: (남색) 짧은뜨기 90 [90코]
40~42단: (흰색) 짧은뜨기 90 [90코]

실을 끊고 정리한다. 흰색 실로 바지 다리 사이의 틈을 메꾸며 바느질한다.

어깨 끈

수영복의 오른쪽에서 7번째 코에 마커로 표시한다. 여기에서 첫 번째 어깨 끈을 시작한다. 색을 바꿔가며 작업한다.

1단: (남색) 사슬뜨기 2, 짧은뜨기 10, 사슬뜨기 1, 뒤집기 [10코]

2단: 안 보이게 코줄이기 1, 짧은뜨기 6, 안 보이게 코줄이기 1, 사슬뜨기 1, 뒤집기 [8코]
3단: 안 보이게 코줄이기 1, 짧은뜨기 4, 안 보이게 코줄이기 1, 사슬뜨기 1, 뒤집기 [6코]
4~6단: (흰색) 짧은뜨기 6, 사슬뜨기 1, 뒤집기 [6코]
7~9단: (남색) 짧은뜨기 6, 사슬뜨기 1, 뒤집기 [6코]
10~12단: (흰색) 짧은뜨기 6, 사슬뜨기 1, 뒤집기 [6코]
13~15단: (남색) 짧은뜨기 6, 사슬뜨기 1, 뒤집기 [6코]
16~18단: (흰색) 짧은뜨기 6, 사슬뜨기 1, 뒤집기 [6코]
19~21단: (남색) 짧은뜨기 6, 사슬뜨기 1, 뒤집기 [6코]
22~24단: (흰색) 짧은뜨기 6, 사슬뜨기 1, 뒤집기 [6코]
25~27단: (남색) 짧은뜨기 6, 사슬뜨기 1, 뒤집기 [6코]
28~30단: (흰색) 짧은뜨기 6, 사슬뜨기 1, 뒤집기 [6코]
31~33단: (남색) 짧은뜨기 6, 사슬뜨기 1, 뒤집기 [6코]
34~36단: (흰색) 짧은뜨기 6, 사슬뜨기 1, 뒤집기 [6코]
37~39단: (남색) 짧은뜨기 6, 사슬뜨기 1, 뒤집기 [6코]

실을 끊고 정리한다. 첫 번째 끈과 9코의 간격을 두고 왼쪽 어깨끈을 만든다. 인형에 수영복을 입힌다. 두 어깨끈을 수영복 뒤쪽 가운데에 가깝게 1코 간격을 두고 붙인다.

튜브 실: 연두색
사슬뜨기 20. 첫 코에 빼뜨기하여 원을 만든다. 원이 꼬이지 않도록 한다. 충전재를 채우며 작업한다.

1~121단: 짧은뜨기 20 [20코]

꼬리실을 남기고 끊는다. 양 끝부분을 바느질하여 연결한다.

개구리 머리 실: 연두색
1단: 매직링에 짧은뜨기 6 [6코]
2단: 코늘리기 6 [12코]
3단: (짧은뜨기 1, 코늘리기 1) × 6 [18코]
4단: (짧은뜨기 2, 코늘리기 1) × 6 [24코]
5단: (짧은뜨기 3, 코늘리기 1) × 6 [30코]
6단: (짧은뜨기 4, 코늘리기 1) × 6 [36코]
7단: (짧은뜨기 5, 코늘리기 1) × 6 [42코]
8~12단: 짧은뜨기 42 [42코]
13단: (짧은뜨기 5, 안 보이게 코줄이기 1) × 6 [36코]
14단: (짧은뜨기 4, 안 보이게 코줄이기 1) × 6 [30코]
15단: (짧은뜨기 3, 안 보이게 코줄이기 1) × 6 [24코]

충전재를 채운다.

16단: (짧은뜨기 2, 안 보이게 코줄이기 1) × 6 [18코]
17단: (짧은뜨기 1, 안 보이게 코줄이기 1) × 6 [12코]
18단: 안 보이게 코줄이기 6 [6코]

꼬리실을 남기고 끊는다. 남은 코의 앞고리에 실을 통과하여 잡아당겨 조인다.

개구리 눈꺼풀(2개) 실: 연두색
1단: 매직링에 짧은뜨기 6 [6코]
2단: 코늘리기 6 [12코]
3~5단: 짧은뜨기 12 [12코]

꼬리실을 남기고 끊는다. 머리 위에 눈꺼풀을 붙인다. 그 위에 흰색 펠트 한 조각과 비즈 구슬을 바느질한다. 검정색 자수실로 입과 코를 수놓는다. 머리를 만들어 둔 튜브에 붙인다.

보트
선체 실: 노란색
1단: 사슬뜨기 11, 2번째 사슬코에서 시작하여 짧은뜨기 9, 코늘리기 1, 기초 사슬코의 반대쪽 고리에 짧은뜨기 9, 코늘리기 1 [22코]
2단: 짧은뜨기 10, 다음 코에 짧은뜨기 3, 짧은뜨기 10, 다음 코에 짧은뜨기 3 [26코]
3단: 코늘리기 1, 짧은뜨기 8, 코늘리기 5, 짧은뜨기 8, 코늘리기 4 [36코]
4단: 짧은뜨기 36 [36코]
5단: 뒷고리 이랑뜨기로 짧은뜨기 36 [36코]
6단: 짧은뜨기 36 [36코]
7단: (짧은뜨기 5, 코늘리기 1) × 6 [42코]
8단: (짧은뜨기 6, 코늘리기 1) × 6 [48코]
9~10단: 짧은뜨기 48 [48코]

실을 끊고 정리한다.

갑판 실: 노란색

1단: 사슬뜨기 11, 2번째 사슬코에서 시작하여 짧은뜨기 9, 코늘리기 1, 기초 사슬코의 반대쪽 고리에 짧은뜨기 9, 코늘리기 1 [22코]
2단: 짧은뜨기 10, 다음 코에 짧은뜨기 3, 짧은뜨기 10, 다음 코에 짧은뜨기 3 [26코]
3단: 코늘리기 1, 짧은뜨기 8, 코늘리기 5, 짧은뜨기 8, 코늘리기 4 [36코]
4단: (짧은뜨기 5, 코늘리기 1) × 6 [42코]
5단: (짧은뜨기 6, 코늘리기 1) × 6 [48코]
꼬리실을 남기고 끊는다. 선체를 갑판에 붙인다. 마무리하기 전에 선체에 충전재를 채운다.

돛(2개) 실: 빨간색

1단: 사슬뜨기 3, 3번째 코에서 시작하여 짧은뜨기 1, 사슬뜨기 1, 뒤집기 [1코]
2단: 다음 코에 짧은뜨기 3, 사슬뜨기 1, 뒤집기 [3코]
3단: 짧은뜨기 3, 사슬뜨기 1, 뒤집기 [3코]
4단: 코늘리기 1, 짧은뜨기 1, 코늘리기 1, 사슬뜨기 1, 뒤집기 [5코]
5단: 짧은뜨기 5, 사슬뜨기 1, 뒤집기 [5코]
6단: 코늘리기 1, 짧은뜨기 3, 코늘리기 1, 사슬뜨기 1, 뒤집기 [7코]
7단: 짧은뜨기 7, 사슬뜨기 1, 뒤집기 [7코]
8단: 코늘리기 1, 짧은뜨기 5, 코늘리기 1, 사슬뜨기 1, 뒤집기 [9코]
9단: 짧은뜨기 9, 사슬뜨기 1, 뒤집기 [9코]
10단: 코늘리기 1, 짧은뜨기 7, 코늘리기 1, 사슬뜨기 1, 뒤집기 [11코]
11단: 짧은뜨기 11, 사슬뜨기 1, 뒤집기 [11코]
12단: 코늘리기 1, 짧은뜨기 9, 코늘리기 1, 사슬뜨기 1, 뒤집기 [13코]
13단: 짧은뜨기 13, 사슬뜨기 1, 뒤집기 [13코]
첫 번째 돛은 실을 끊고 정리한다. 두 번째 돛은 실을 끊지 않고 남겨둔다. 두 조각의 안쪽 면이 서로 마주보게 놓고 다음 단을 떠서 연결한다.
마무리: 짧은뜨기 13, 삼각형 꼭대기 코에 짧은뜨기 4(곡선 모양), 짧은뜨기 13 [30코]
꼬리실을 남기고 끊는다.

돛대 실: 흰색

1단: 매직링에 짧은뜨기 6 [6코]
2~17단: 짧은뜨기 6 [6코]
꼬리실을 남기고 끊는다. 파이프 클리너를 접어 돛대에 넣고 배에 붙인다. 돛을 돛대 옆에 붙인다. 흰색 실로 긴 사슬을 뜨고, 배에 고정하여 붙인다.

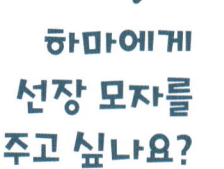

하마에게 선장 모자를 주고 싶나요?

무료 도안을 받을 수 있어요.
www.amigurumi.com/bonusfavorites

왕부리새 토코

by Airali Design (Ilaria Caliri)

난이도: ★★
완성된 크기: 14cm

준비물:
- 실: 검정색, 흰색, 빨간색, 봉홍색, 노란색, 하늘색
- 코바늘 3mm
- 인형눈 15mm
- 돗바늘
- 핀
- 마커
- 충전재

 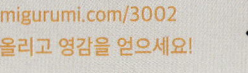 

코바늘 동물인형 갤러리
www.amigurumi.com/3002
작품을 올리고 영감을 얻으세요!

얼굴 실: 흰색

1단: 사슬뜨기 16, 2번째 사슬코에서 시작하여 짧은뜨기 14, 다음 코에 짧은뜨기 5, 기초 사슬코의 반대쪽 고리에 짧은뜨기 13, 다음 코에 짧은뜨기 4, 짧은뜨기 1 [36코]

2단: (짧은뜨기 15, 코늘리기 3) × 2 [42코]

3단: 짧은뜨기 15, (코늘리기 1, 짧은뜨기 1) × 3, 짧은뜨기 15, (코늘리기 1, 짧은뜨기 1) × 3 [48코]

4단: 짧은뜨기 15, (짧은뜨기 2, 코늘리기 1) × 3, 짧은뜨기 15, (짧은뜨기 2, 코늘리기 1) × 3 [54코]

5단: 짧은뜨기 15, (코늘리기 1, 짧은뜨기 3) × 3, 짧은뜨기 15, (코늘리기 1, 짧은뜨기 3) × 3 [60코]

6단: 짧은뜨기 15, (짧은뜨기 4, 코늘리기 1) × 3, 짧은뜨기 15, (짧은뜨기 4, 코늘리기 1) × 3 [66코]

7단: 짧은뜨기 66 [66코]

꼬리실을 남기고 끊는다. 3~4단 사이에 인형눈을 붙인다.

(사진 1) 아직 와셔를 막지 않는다.

머리 & 몸 실: 검정색

1단: 매직링에 짧은뜨기 6 [6코]
2단: 코늘리기 6 [12코]
3단: (짧은뜨기 1, 코늘리기 1) × 6 [18코]
4단: (짧은뜨기 2, 코늘리기 1) × 6 [24코]
5단: (짧은뜨기 3, 코늘리기 1) × 6 [30코]
6단: (짧은뜨기 4, 코늘리기 1) × 6 [36코]
7단: (짧은뜨기 5, 코늘리기 1) × 6 [42코]
8단: (짧은뜨기 6, 코늘리기 1) × 6 [48코]
9~14단: 짧은뜨기 48 [48코]

15단: 사슬뜨기 10(사진 2), 2번째 사슬코에서 시작하여 짧은뜨기 9(사진 3), 14단을 따라 계속해서(사진 4) 짧은뜨기 48, 사슬코의 반대쪽 고리에 짧은뜨기 9(사진 5) [66코]
마지막 코에 마커 걸기(사진 6)
16단: 다음 코에 짧은뜨기 3, 짧은뜨기 64, 다음 코에 짧은뜨기 3 [70코](사진 7)
17단: 짧은뜨기 1, 코늘리기 1, 짧은뜨기 66, 코늘리기 1, 짧은뜨기 1 [72코]
18~32단: 짧은뜨기 72 [72코]
얼굴을 반으로 접어 머리의 11~26단 사이에 놓는다.(사진 8-10) 인형눈을 머리에 통과시키고 와셔를 막는다. 머리에 붙인다.
33단: (짧은뜨기 10, 안 보이게 코줄이기 1) × 6 [66코]
34단: (짧은뜨기 9, 안 보이게 코줄이기 1) × 6 [60코]
35단: (짧은뜨기 8, 안 보이게 코줄이기 1) × 6 [54코]
36단: (짧은뜨기 7, 안 보이게 코줄이기 1) × 6 [48코]
37단: (짧은뜨기 6, 안 보이게 코줄이기 1) × 6 [42코]
38단: (짧은뜨기 5, 안 보이게 코줄이기 1) × 6 [36코]
충전재를 채운다.
39단: (짧은뜨기 4, 안 보이게 코줄이기 1) × 6 [30코]

40단: (짧은뜨기 3, 안 보이게 코줄이기 1) × 6 [24코]
41단: (짧은뜨기 2, 안 보이게 코줄이기 1) × 6 [18코]
42단: (짧은뜨기 1, 안 보이게 코줄이기 1) × 6 [12코]
43단: 안 보이게 코줄이기 6 [6코]
실을 끊고 정리한다.

부리 실: 빨간색, 분홍색, 노란색

1단: 빨간색. 매직링에 짧은뜨기 6 [6코]
2단: 코늘리기 6 [12코]
3단: (짧은뜨기 1, 코늘리기 1) × 6 [18코]
4단: (짧은뜨기 2, 코늘리기 1) × 6 [24코]
5단: (짧은뜨기 3, 코늘리기 1) × 6 [30코]
6단: (안 보이게 코줄이기 1, 짧은뜨기 1) × 3, (코늘리기 1, 짧은뜨기 6) × 3 [30코]
7단: 안 보이게 코줄이기 3, (코늘리기 1, 짧은뜨기 7) × 3 [30코]
8~9단: 짧은뜨기 30 [30코]
10~13단: 분홍색. 짧은뜨기 30 [30코]
14~21단: 노란색. 짧은뜨기 30 [30코]
꼬리실을 남기고 끊는다. 충전재를 채운다.

볼(2개) 실: 하늘색

1단: 매직링에 짧은뜨기 6 [6코]
2단: 코늘리기 6 [12코]
3단: (짧은뜨기 1, 코늘리기 1) × 6 [18코]
빼뜨기한 후 꼬리실을 남기고 끊는다.

날개(2개) 실: 검정색

1단: 매직링에 짧은뜨기 6 [6코]
2단: 코늘리기 6 [12코]
3단: (짧은뜨기 1, 코늘리기 1) × 6 [18코]
4~5단: 짧은뜨기 18 [18코]
6단: (짧은뜨기 7, 안 보이게 코줄이기 1) × 2 [16코]
꼬리실을 남기고 끊는다. 충전재를 채우지 않는다. 날개를 납작하게 누른다.

긴 꼬리 깃 실: 검정색

1단: 매직링에 짧은뜨기 6 [6코]
2단: 코늘리기 6 [12코]
3~5단: 짧은뜨기 12 [12코]
6단: (짧은뜨기 4, 안 보이게 코줄이기 1) × 2 [10코]
7단: (짧은뜨기 3, 안 보이게 코줄이기 1) × 2 [8코]
8단: (짧은뜨기 2, 안 보이게 코줄이기 1) × 2 [6코]
꼬리실을 남기고 끊는다. 충전재를 채우지 않는다. 꼬리깃을 납작하게 누른다.

짧은 꼬리 깃(2개) 실: 검정색

1단: 매직링에 짧은뜨기 5 [5코]
2단: 코늘리기 5 [10코]
3~4단: 짧은뜨기 10 [10코]

5단: (짧은뜨기 3, 안 보이게 코줄이기 1) × 2 [8코]
6단: (짧은뜨기 2, 안 보이게 코줄이기 1) × 2 [6코]
꼬리실을 남기고 끊는다. 충전재를 채우지 않는다. 꼬리깃을 납작하게 누른다.

다리(2개) 실: 하늘색
길게 꼬리실을 남기고 시작한다.
1단: 매직링에 짧은뜨기 8 [8코]
2~8단: 짧은뜨기 8 [8코]
충전재를 채운다. 꼬리실을 남기고 끊는다.

발(2개) 실: 하늘색
3개의 발가락을 만들고 시작한다.

중간 발가락(발에 1개씩, 총 2개)
1단: 매직링에 짧은뜨기 6 [6코]
2~5단: 짧은뜨기 6 [6코]
실을 끊고 정리한다.

양 옆 발가락(발에 2개씩, 총 4개)
1단: 매직링에 짧은뜨기 6 [6코]
2~4단: 짧은뜨기 6 [6코]

첫 번째 발가락은 실을 끊고 정리한다. 두 번째 발가락은 실을 끊지 않는다.(사진 11) 다음 단에서 연결한다.
5단: 두 번째 발가락에 짧은뜨기 4, 건너뛰기 1(사진 12), 중간 발가락에 짧은뜨기 2, 건너뛰기 1, 첫 번째 발가락에 짧은뜨기 5(사진 13-14), 건너뛰기 1, 중간 발가락에 건너뛰기 1(사진 15), 중간 발가락에 짧은뜨기 2, 건너뛰기 1, 두 번째 발가락에 건너뛰기 1(사진 16), 짧은뜨기 1 [14코](사진 17)
발가락 사이에 작은 틈이 있지만, 충전재를 채우지 않아서 보이지 않는다.
6단: (짧은뜨기 5, 안 보이게 코줄이기 1) × 2 [12코]
7단: 안 보이게 코줄이기 6 [6코]
8단: 짧은뜨기 6 [6코](사진 18)
충전재를 채우지 않는다. 꼬리실을 남기고 끊는다. 남은 코의 앞 고리에 실을 통과하여 잡아당겨 조인다. 실을 정리하고 발을 다리에 붙인다.

연결하기

- 얼굴의 가운데 꼭대기 부분에서 시작하여 부리를 머리에 붙인다.
- 볼이 얼굴과 머리 위에 걸치도록 하여 붙인다.
- 날개를 몸의 옆쪽 22~28단 사이에 각도를 두어 붙인다.
- 꼬리 깃 3개를 몸의 뒤쪽에 붙인다. 긴 깃이 가운데에 오도록 한다.(사진 19)
- 다리를 몸 아랫부분에 핀으로 고정하고 37~38단에 걸쳐 5코 간격을 두고 붙인다.(사진 20) 앉을 수 있도록 발의 위치를 잡는다.

19

20

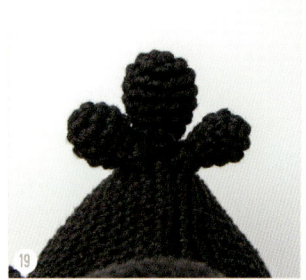

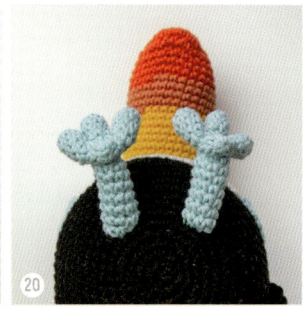

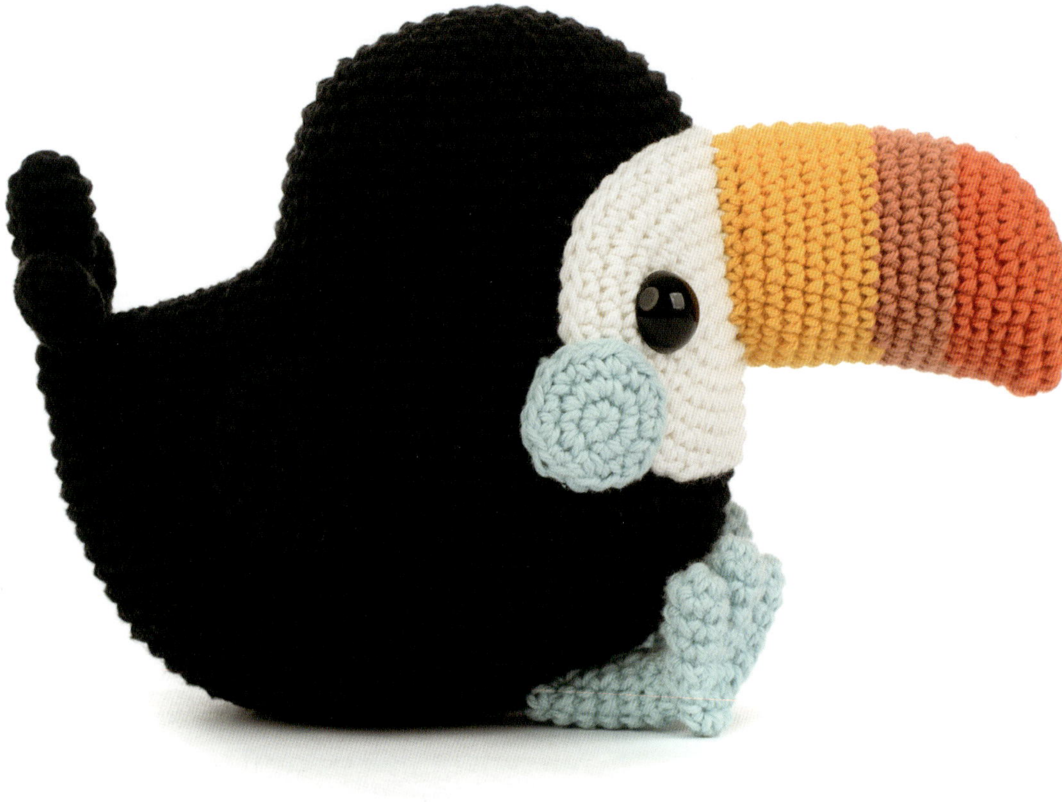

여우 레인드롭

by Zipzipdreams (Anna Edina Tekten)

난이도: ★★

완성된 크기: 20cm

준비물:
- 실: 주황색, 검정색, 흰색(조금), 분홍색(조금)
- 코바늘 2.5mm
- 인형눈 6mm
- 인형 코 12mm
- 검정색 자수실
- 돗바늘
- 마커
- 충전재

코바늘 동물인형 갤러리
www.amigurumi.com/2502
작품을 올리고 영감을 얻으세요!

머리 실: 주황색

1단: 매직링에 짧은뜨기 6 [6코]
2단: 코늘리기 6 [12코]
3단: (짧은뜨기 1, 코늘리기 1) × 6 [18코]
4단: (짧은뜨기 2, 코늘리기 1) × 6 [24코]
5단: (짧은뜨기 3, 코늘리기 1) × 6 [30코]
6단: (짧은뜨기 4, 코늘리기 1) × 6 [36코]
7단: (짧은뜨기 5, 코늘리기 1) × 6 [42코]
8단: (짧은뜨기 6, 코늘리기 1) × 6 [48코]
9단: (짧은뜨기 15, 코늘리기 1) × 3 [51코]
10단: 짧은뜨기 51 [51코]
11단: (짧은뜨기 16, 코늘리기 1) × 3 [54코]
12~15단: 짧은뜨기 54 [54코]
16단: 짧은뜨기 12, 코늘리기 3, 짧은뜨기 24, 코늘리기 3, 짧은뜨기 12 [60코]
17~21단: 짧은뜨기 60 [60코]
22단: 짧은뜨기 13, 안 보이게 코줄이기 3, 짧은뜨기 24, 안 보이게 코줄이기 3, 짧은뜨기 11 [54코]
23단: 짧은뜨기 12, 안 보이게 코줄이기 3, 짧은뜨기 20, 안 보이

게 코줄이기 3, 짧은뜨기 10 [48코]

24단: (짧은뜨기 4, 안 보이게 코줄이기 1) × 8 [40코]

25단: (짧은뜨기 3, 안 보이게 코줄이기 1) × 8 [32코]

16~17단 사이에 11코 간격을 두고 인형눈을 넣는다. 눈은 22~23단의 양쪽 코늘림 부분 중앙에 와야 한다.(사진 1)

26단: (짧은뜨기 2, 안 보이게 코줄이기 1) × 8 [24코]

27단: (짧은뜨기 2, 안 보이게 코줄이기 1) × 6 [18코]

빼뜨기한 후 꼬리실을 남기고 끊는다. 충전재를 단단하게 채운다.

주둥이 실: 흰색

1단: 매직링에 짧은뜨기 6 [6코]

매직링을 조일 때 나중에 인형코의 기둥이 들어갈 만큼의 구멍을 남겨놓는다.

2단: (짧은뜨기 1, 코늘리기 2) × 2 [10코]

3단: 짧은뜨기 2, 코늘리기 2, 짧은뜨기 3, 코늘리기 2, 짧은뜨기 1 [14코]

4단: 짧은뜨기 1, (짧은뜨기 1, 코늘리기 1) × 2, 짧은뜨기 5, (코늘리기 1, 짧은뜨기 1) × 2 [18코]

5단: 코늘리기 2, 짧은뜨기 2, 코늘리기 1, 긴뜨기 9, 코늘리기 1, 짧은뜨기 2, 코늘리기 1 [23코]

6단: 짧은뜨기 4, 코늘리기 2, 긴뜨기 14, 코늘리기 2, 짧은뜨기 1 [27코]

7단: 빼뜨기 8, 짧은뜨기 2, 긴뜨기 10, 짧은뜨기 2, 빼뜨기 5 [27코]

빼뜨기한 후 꼬리실을 남기고 끊는다.(사진 2) 인형코를 매직링 중앙에 넣고 와셔를 막는다. 실 끝을 당겨 링을 조인다. 충전재를 채운다. 머리의 17~22단에 붙인다. 주둥이의 위쪽 모서리 부분에 빼뜨기하여 고정한다. 마무리하기 전에 충전재를 조금 더 넣고 꿰맨다.

귀(2개) 실: 검정색, 주황색

1단: 검정색. 매직링에 짧은뜨기 6 [6코]

2단: (짧은뜨기 1, 코늘리기 1) × 3 [9코]

3단: (짧은뜨기 2, 코늘리기 1) × 3 [12코]

4단: 주황색. (짧은뜨기 2, 코늘리기 1) × 4 [16코]

5단: 짧은뜨기 1, (코늘리기 1, 짧은뜨기 3) × 3, 코늘리기 1, 짧은뜨기 2 [20코]

6단: (짧은뜨기 4, 코늘리기 1) × 4 [24코]

7단: 짧은뜨기 1, (코늘리기 1, 짧은뜨기 5) × 3, 코늘리기 1, 짧은뜨기 4 [28코]

8단: (짧은뜨기 6, 코늘리기 1) × 4 [32코]

9단: 짧은뜨기 8, 코늘리기 1, 짧은뜨기 15, 코늘리기 1, 짧은뜨기 7 [34코]

10~12단: 짧은뜨기 34 [34코]

13단: (안 보이게 코줄이기 1, 짧은뜨기 15) × 2 [32코]

빼뜨기한 후 꼬리실을 남기고 끊는다. 충전재를 채우지 않는다. 납작하게 누르고 몇 땀을 떠서 고정한다.(사진 3) 머리의 4~11단에 붙인다. 눈썹, 속눈썹, 입을 수놓는다.

볼(2개) 실: 분홍색

1단: 매직링에 짧은뜨기 6, 빼뜨기, 사슬뜨기 1 [6코]

2단: 코늘리기 6, 빼뜨기 [12코]

꼬리실을 남기고 끊는다. 머리의 17~21단에 2코 간격을 두고 붙인다.(사진 5-6)

몸 실: 주황색

1단: 매직링에 짧은뜨기 6 [6코]

2단: 코늘리기 6 [12코]

3단: (짧은뜨기 1, 코늘리기 1) × 6 [18코]

4단: (짧은뜨기 2, 코늘리기 1) × 6 [24코]

5단: (짧은뜨기 3, 코늘리기 1) × 6 [30코]

6단: (짧은뜨기 4, 코늘리기 1) × 6 [36코]

7단: (짧은뜨기 5, 코늘리기 1) × 6 [42코]

8~13단: 짧은뜨기 42 [42코]

14단: 짧은뜨기 8, (안 보이게 코줄이기 1, 짧은뜨기 3) × 5, 안 보이게 코줄이기 1, 짧은뜨기 7 [36코]

15단: 짧은뜨기 36 [36코]

16단: 짧은뜨기 8, (안 보이게 코줄이기 1, 짧은뜨기 2) × 5, 안 보이게 코줄이기 1, 짧은뜨기 6 [30코]

17단: 짧은뜨기 30 [30코]

18단: (짧은뜨기 3, 안 보이게 코줄이기 1) × 6 [24코]

19단: 짧은뜨기 24 [24코]

20단: (짧은뜨기 2, 안 보이게 코줄이기 1) × 6 [18코]

21단: 짧은뜨기 18 [18코]

빼뜨기한 후 꼬리실을 남기고 끊는다. 충전재를 단단하게 채운다. 둥근 배가 앞쪽에 오도록 하고 머리를 몸에 붙인다.

팔(2개) 실: 검정색, 주황색

1단: 검정색. 매직링에 짧은뜨기 6 [6코]

2단: 코늘리기 6 [12코]

3단: (짧은뜨기 5, 코늘리기 1) × 2 [14코]

4~5단: 짧은뜨기 14 [14코]

6단: 짧은뜨기 5, 안 보이게 코줄이기 1, 짧은뜨기 7 [13코]

7~8단: 짧은뜨기 13 [13코]

9단: 짧은뜨기 6, 안 보이게 코줄이기 1, 짧은뜨기 5 [12코]

충전재를 채운다.

10~11단: 짧은뜨기 12 [12코]

12단: 짧은뜨기 1

주황색. 짧은뜨기 5, 안 보이게 코줄이기 1, 짧은뜨기 4 [11코]

13~14단: 짧은뜨기 11 [11코]

15단: 짧은뜨기 6, 안 보이게 코줄이기 1, 짧은뜨기 3 [10코]

16~17단: 짧은뜨기 10 [10코]

18단: 짧은뜨기 6, 안 보이게 코줄이기 1, 짧은뜨기 2 [9코]

19~20단: 짧은뜨기 9 [9코]

21단: (짧은뜨기 1, 안 보이게 코줄이기 1) × 3 [6코]

빼뜨기한 후 꼬리실을 남기고 끊는다. 몸의 양쪽 옆, 18~20단에 붙인다. 검정색 자수실로 8~9단에 십자가 모양의 배꼽을 수놓는다.

다리(2개) 실: 검정색, 주황색

1단: 검정색. 사슬뜨기 5, 2번째 사슬코에서 시작하여 코늘리기 1, 짧은뜨기 2, 다음 코에 짧은뜨기 3, 기초 사슬코의 반대쪽 고리에 짧은뜨기 3 [10코]

2단: 코늘리기 2, 짧은뜨기 2, 코늘리기 3, 짧은뜨기 2, 코늘리기 1 [16코]

3단: (짧은뜨기 1, 코늘리기 1) × 2, 짧은뜨기 2, (짧은뜨기 1, 코늘리기 1) × 3, 짧은뜨기 3, 코늘리기 1 [22코]

4단: (짧은뜨기 1, 코늘리기 1) × 2, 짧은뜨기 6, (코늘리기 1, 짧은뜨기 1) × 3, 짧은뜨기 5, 코늘리기 1 [28코]

5~6단: 짧은뜨기 28 [28코]

7단: 짧은뜨기 12, (안 보이게 코줄이기 1, 짧은뜨기 1) × 4, 짧은뜨기 4 [24코]

8단: 짧은뜨기 10, 안 보이게 코줄이기 6, 짧은뜨기 2 [18코]

9단: 짧은뜨기 10, 안 보이게 코줄이기 1, 짧은뜨기 1, 안 보이게 코줄이기 1, 짧은뜨기 3 [16코]

충전재를 단단하게 채운다.

10~14단: 짧은뜨기 16 [16코]

15단: (짧은뜨기 2, 안 보이게 코줄이기 1) × 4 [12코]

16단: 짧은뜨기 4 [4코]

뜨지 않은 코는 남겨둔다.

17~22단: 주황색. 짧은뜨기 12 [12코]

23단: (짧은뜨기 1, 안 보이게 코줄이기 1) × 4 [8코]

빼뜨기한 후 꼬리실을 남기고 끊는다. 몸의 양쪽 옆, 6~7단에 붙인다.

꼬리 실: 흰색, 주황색

1단: 흰색. 매직링에 짧은뜨기 6 [6코]

2단: 코늘리기 3, 짧은뜨기 3 [9코]

3단: 짧은뜨기 9 [9코]

4단: 짧은뜨기 2, 코늘리기 3, 짧은뜨기 4 [12코]

5단: 짧은뜨기 12 [12코]

6단: 짧은뜨기 3, 코늘리기 1, 짧은뜨기 2
주황색. 짧은뜨기 1, 코늘리기 1, 짧은뜨기 3, 코늘리기 1 [15코]

7단: (짧은뜨기 2, 코늘리기 1) × 5 [20코]

8단: 짧은뜨기 20 [20코]

9단: (짧은뜨기 4, 코늘리기 1) × 4 [24코]

10~14단: 짧은뜨기 24 [24코]

15단: (짧은뜨기 6, 안 보이게 코줄이기 1) × 3 [21코]

16단: 짧은뜨기 2, (안 보이게 코줄이기 1, 짧은뜨기 5) × 2, 안 보이게 코줄이기 1, 짧은뜨기 3 [18코]

17단: 짧은뜨기 18 [18코]

18단: (짧은뜨기 4, 안 보이게 코줄이기 1) × 3 [15코]
충전재를 단단히 채운다.

19~20단: 짧은뜨기 15 [15코]

21단: (짧은뜨기 3, 안 보이게 코줄이기 1) × 3 [12코]

22~23단: 짧은뜨기 12 [12코]
가볍게 충전재를 채운다. 꼬리 끝에는 채우지 않는다.

24단: (짧은뜨기 2, 안 보이게 코줄이기 1) × 3 [9코]

25단: 짧은뜨기 9 [9코]
빼뜨기한 후 꼬리실을 남기고 끊는다. 꼬리 끝을 납작하게 잡고 몸의 5~7단에 붙인다.

도마뱀 거티

by Moji-Moji Design (Janine Holmes)

난이도: ★★

완성된 크기: 18cm

준비물:
- 실: 초록색, 노란색(조금), 흰색(조금)
- 코바늘 3mm
- 인형눈 12mm
- 마커
- 돗바늘
- 충전재

코바늘 동물인형 갤러리
www.Amigurumi.com/3001
작품을 올리고 영감을 얻으세요!

머리 실: 초록색

1단: 매직링에 짧은뜨기 6 [6코]
2단: 코늘리기 6 [12코]
3단: (짧은뜨기 1, 코늘리기 1) × 6 [18코]
4단: (짧은뜨기 2, 코늘리기 1) × 6 [24코]
5단: (짧은뜨기 3, 코늘리기 1) × 6 [30코]
6~9단: 짧은뜨기 30 [30코]
10단: 코늘리기 4, 짧은뜨기 1 (마커 걸기)(사진 1), 코늘리기 4, 짧은뜨기 21 [38코]
11단: (짧은뜨기 1, 코늘리기 1) × 4, 짧은뜨기 1, (짧은뜨기 1, 코늘리기 1) × 4, 짧은뜨기 21 [46코]
12단: (짧은뜨기 22, 코늘리기 1) × 2 [48코]
13~16단: 짧은뜨기 48 [48코]
17단: (짧은뜨기 6, 안 보이게 코줄이기 1) × 6 [42코]

18단: 짧은뜨기 42 [42코]
19단: (짧은뜨기 5, 안 보이게 코줄이기 1) × 6 [36코]
20단: 짧은뜨기 36 [36코]
21단: (짧은뜨기 4, 안 보이게 코줄이기 1) × 6 [30코]
22단: 짧은뜨기 30 [30코]
23단: (짧은뜨기 3, 안 보이게 코줄이기 1) × 6 [24코]
24단: 짧은뜨기 24 [24코]
25단: (짧은뜨기 2, 안 보이게 코줄이기 1) × 6 [18코]
충전재를 채운다.
26단: (짧은뜨기 1, 안 보이게 코줄이기 1) × 6 [12코]
27단: 안 보이게 코줄이기 6 [6코]
꼬리실을 남기고 끊는다. 남은 코의 앞고리에 실을 통과하여 잡아당겨 조인다. 실을 정리한다.

눈(2개) 실: 흰색, 노란색, 초록색

1단: 흰색. 매직링에 짧은뜨기 6 [6코]
인형눈 기둥이 들어갈 정도의 구멍을 남겨두고 링을 조인다.
2단: 코늘리기 6 [12코]
3단: 노란색. (짧은뜨기 1, 코늘리기 1) × 6 [18코]

4~8단: 초록색. 짧은뜨기 18 [18코]
인형눈을 매직링 중앙에 붙인다. 실 끝을 당겨 링을 조인다. 충전재를 채운다. 눈을 납작하게 잡고 다음 단에서 막는다.
9단: 사슬뜨기 1, 짧은뜨기 9 [9코] (사진 2)
꼬리실을 남기고 끊는다. 눈의 아랫부분 중앙에서 시작하여 노란색 코에 짧은뜨기를 한다. (사진 3-6) 실 끝을 함께 묶고 눈 안에 숨긴다. 눈의 평평한 솔기의 안쪽 모서리가 표시해 둔 10단에 닿도록 하여 머리 꼭대기에 고정한다. 바깥쪽 모서리는 13~14단 사이에 18코의 간격이 되도록 붙인다. (사진 7) 눈과 머리의 양쪽을 통과하여 눈의 9단에 붙인다. (사진 8)

몸 실: 노란색

1단: 매직링에 짧은뜨기 6 [6코]
2단: 코늘리기 6 [12코]
3단: (짧은뜨기 1, 코늘리기 1) × 6 [18코]
4단: (짧은뜨기 2, 코늘리기 1) × 6 [24코]
5단: (짧은뜨기 3, 코늘리기 1) × 6 [30코]
6단: (짧은뜨기 4, 코늘리기 1) × 6 [36코]
7단: (짧은뜨기 5, 코늘리기 1) × 6 [42코]

8단: (짧은뜨기 6, 코늘리기 1) × 6 [48코]
9~13단: 짧은뜨기 48 [48코]
14단: (짧은뜨기 6, 안 보이게 코줄이기 1) × 6 [42코]
15~16단: 짧은뜨기 42 [42코]
17단: (짧은뜨기 5, 안 보이게 코줄이기 1) × 6 [36코]
18~19단: 짧은뜨기 36 [36코]
20단: (짧은뜨기 4, 안 보이게 코줄이기 1) × 6 [30코]
21~22단: 짧은뜨기 30 [30코]
23단: (짧은뜨기 3, 안 보이게 코줄이기 1) × 6 [24코]
24~25단: 짧은뜨기 24 [24코]
26단: (짧은뜨기 4, 안 보이게 코줄이기 1) × 4 [20코]

27~28단: 짧은뜨기 20 [20코]
29단: (짧은뜨기 8, 안 보이게 코줄이기 1) × 2 [18코]
30~31단: 짧은뜨기 18 [18코]
꼬리실을 남기고 끊는다. 충전재를 채운다. 머리 아랫부분, 15~22단 사이에 붙인다.(사진 9)

꼬리 실: 초록색, 노란색
색을 바꿔가며 작업한다.
1단: (초록색) 매직링에 짧은뜨기 6 [6코]
2~3단: 짧은뜨기 6 [6코]
4단: (노란색) (짧은뜨기 1, 코늘리기 1) × 3 [9코]
5~6단: (노란색) 짧은뜨기 9 [9코]
7단: (초록색) (짧은뜨기 2, 코늘리기 1) × 3 [12코]
8~9단: (초록색) 짧은뜨기 12 [12코]
10단: (노란색) (짧은뜨기 3, 코늘리기 1) × 3 [15코]
11~12단: (노란색) 짧은뜨기 15 [15코]
13단: (초록색) (짧은뜨기 4, 코늘리기 1) × 3 [18코]
14~15단: (초록색) 짧은뜨기 18 [18코]
16~18단: (노란색) 짧은뜨기 18 [18코]
19~21단: (초록색) 짧은뜨기 18 [18코]
22~24단: (노란색) 짧은뜨기 18 [18코]
25단: (초록색) (짧은뜨기 5, 코늘리기 1) × 3 [21코]

26~27단: (초록색) 짧은뜨기 21 [21코]
28단: (노란색) (짧은뜨기 6, 코늘리기 1) × 3 [24코]
29~30단: (노란색) 짧은뜨기 24 [24코]
31단: (초록색) (짧은뜨기 3, 코늘리기 1) × 6 [30코]
32~33단: (초록색) 짧은뜨기 30 [30코]
34단: (노란색) 짧은뜨기 30 [30코]
꼬리실을 남기고 끊는다. 충전재를 채운다. 몸 뒤쪽, 4~16단 사이에 붙인다. 이 시점에서 머리나 꼬리의 위치를 자유롭게 선택할 수 있다.

턱 실: 노란색

1단: 매직링에 짧은뜨기 3, 사슬뜨기 1, 뒤집기 [3코]
2단: 코늘리기 3, 사슬뜨기 1, 뒤집기 [6코]
3단: (짧은뜨기 1, 코늘리기 1) × 3, 사슬뜨기 1, 뒤집기 [9코]
4단: (짧은뜨기 2, 코늘리기 1) × 3, 사슬뜨기 1, 뒤집기 [12코]
5단: (짧은뜨기 3, 코늘리기 1) × 3, 사슬뜨기 1, 뒤집기 [15코]
6단: (짧은뜨기 4, 코늘리기 1) × 3, 사슬뜨기 1, 뒤집기 [18코]
7단: (짧은뜨기 5, 코늘리기 1) × 3, 사슬뜨기 1, 뒤집기 [21코]
8단: (짧은뜨기 6, 코늘리기 1) × 3, 사슬뜨기 1, 뒤집기 [24코]
9단: 짧은뜨기 24, 사슬뜨기 1, 뒤집기 [24코]
다음 단에서 전체를 둘러 작업한다.
10단: (짧은뜨기 2, 안 보이게 코줄이기 1) × 6, 평평한 쪽을 따라 짧은뜨기 18, 빼뜨기 [36코]
꼬리실을 남기고 끊는다. 턱의 가장자리를 얼굴 아랫부분에 꿰맨다. 평평한 쪽의 중앙을 목에 대고 얼굴의 4~5단 사이 곡선 부분의 가장자리 중앙에 오도록 한다.(사진 10-11)

팔(2개) 실: 초록색, 노란색

3개의 손가락을 만들고 시작한다.

손가락(팔에 3개씩)

1단: 초록색. 매직링에 짧은뜨기 6 [6코]
2단: (짧은뜨기 1, 코늘리기 1) × 3 [9코]
3단: 짧은뜨기 9 [9코]
4단: (짧은뜨기 1, 안 보이게 코줄이기 1) × 3 [6코]
2개의 손가락은 실을 끊고 정리한다. 세 번째 손가락은 실을 끊지 않고 다음 단에서 연결한다.

손 & 팔

5단: 세 번째 손가락에 짧은뜨기 6(사진 12), 두 번째 손가락에 짧은뜨기 3(사진 13), 첫 번째 손가락에 짧은뜨기 6(사진 14), 두 번째 손가락에 짧은뜨기 3(사진 15) [18코]
6단: (짧은뜨기 1, 안 보이게 코줄이기 1) × 6 [12코]
충전재를 채운다.
7단: 안 보이게 코줄이기 6 [6코]
색을 바꿔가며 작업한다.
8~9단: (노란색) 짧은뜨기 6 [6코]
10~11단: (초록색) 짧은뜨기 6 [6코]

12~13단: (노란색) 짧은뜨기 6 [6코]
14단: (초록색) (짧은뜨기 1, 코늘리기 1) × 3 [9코]
15단: (초록색) 짧은뜨기 9 [9코]
16~17단: (노란색) 짧은뜨기 9 [9코]
18단: (초록색) 짧은뜨기 9 [9코]
19단: (연두색) (짧은뜨기 1, 안 보이게 코줄이기 1) × 3 [6코]

꼬리실을 남기고 끊는다. 팔의 윗부분을 납작하게 잡고 손가락과 잘 이어지도록 정렬한 다음 꿰맨다. 몸의 양쪽 옆, 29~30단 사이에 붙인다.

다리(2개) 실: 초록색, 노란색

3개의 발가락을 만들고 시작한다.

발가락(발에 3개씩)

1단: 초록색. 매직링에 짧은뜨기 6 [6코]
2단: (짧은뜨기 1, 코늘리기 1) × 3 [9코]
3~4단: 짧은뜨기 9 [9코]
5단: (짧은뜨기 1, 안 보이게 코줄이기 1) × 3 [6코]

2개의 발가락은 실을 끊고 정리한다. 세 번째 발가락은 실을 끊지 않고 다음 단에서 연결한다.

발 & 다리

6단: 세 번째 발가락에 짧은뜨기 6(사진 12), 두 번째 발가락에 짧은뜨기 3(사진 13), 첫 번째 발가락에 짧은뜨기 6(사진 14), 두 번째 발가락에 짧은뜨기 3(사진 15) [18코]
7단: (짧은뜨기 4, 안 보이게 코줄이기 1) × 3 [15코]
8단: (짧은뜨기 3, 안 보이게 코줄이기 1) × 3 [12코]
색을 바꿔가며 작업한다.
9단: (노란색) 짧은뜨기 12 [12코]
충전재를 채운다.
10단: (노란색) (짧은뜨기 2, 안 보이게 코줄이기 1) × 3 [9코]

11~12단: (연두색) 짧은뜨기 9 [9코]

13~14단: (노란색) 짧은뜨기 9 [9코]

15~16단: (연두색) 짧은뜨기 9 [9코]

17단: (짧은뜨기 1, 안 보이게 코줄이기 1) × 3 [6코]

꼬리실을 남기고 끊는다. 다리 윗부분을 평평하게 펴서 솔기가 발의 평평한 면과 90도가 되도록 한 다음(사진 16) 붙인다. 평평한 쪽을 몸의 7~10단 사이에 수직이 되도록 하고, 꼬리보다 1코 앞에 놓이도록 붙인다. 다리 안쪽을 몸의 닿는 부분에 맞추어 붙인다.

원숭이 조니

by Pepika
(Sanda Jelic Dobrosavljev)

난이도: ★

완성된 크기: 15cm

준비물:
- 실: 갈색, 노란색
- 코바늘 2.5mm
- 인형눈 8mm
- 마커
- 돗바늘
- 핀
- 충전재

코바늘 동물인형 갤러리
www.Amigurumi.com/107
작품을 올리고 영감을 얻으세요!

머리 실: 갈색

머리의 앞쪽에서 시작한다.

1단: 매직링에 짧은뜨기 6 [6코]

2단: 코늘리기 6 [12코]

3단: (짧은뜨기 1, 코늘리기 1) × 6 [18코]

4단: (짧은뜨기 2, 코늘리기 1) × 6 [24코]

5단: (짧은뜨기 3, 코늘리기 1) × 6 [30코]

6단: (짧은뜨기 4, 코늘리기 1) × 6 [36코]

7단: (짧은뜨기 5, 코늘리기 1) × 6 [42코]

8단: (짧은뜨기 6, 코늘리기 1) × 6 [48코]

9단: (짧은뜨기 7, 코늘리기 1) × 6 [54코]

10단: (짧은뜨기 8, 코늘리기 1) × 6 [60코]

11~16단: 짧은뜨기 60 [60코]

17단: (짧은뜨기 8, 안 보이게 코줄이기 1) × 6 [54코]

18단: (짧은뜨기 7, 안 보이게 코줄이기 1) × 6 [48코]

19단: (짧은뜨기 6, 안 보이게 코줄이기 1) × 6 [42코]
20단: (짧은뜨기 5, 안 보이게 코줄이기 1) × 6 [36코]
21단: (짧은뜨기 4, 안 보이게 코줄이기 1) × 6 [30코]
22단: (짧은뜨기 3, 안 보이게 코줄이기 1) × 6 [24코]
충전재를 채운다.
23단: (짧은뜨기 2, 안 보이게 코줄이기 1) × 6 [18코]
24단: (짧은뜨기 1, 안 보이게 코줄이기 1) × 6 [12코]
25단: 안 보이게 코줄이기 6 [6코]
꼬리실을 남기고 끊는다. 남은 코의 앞고리에 실을 통과하여 잡아당겨 조인다. 실을 정리한다.

얼굴 실: 노란색

1단: 매직링에 짧은뜨기 6 [6코]
2단: 코늘리기 6 [12코]
3단: (짧은뜨기 1, 코늘리기 1) × 6 [18코]
4단: (짧은뜨기 2, 코늘리기 1) × 6 [24코]
5단: (짧은뜨기 3, 코늘리기 1) × 6 [30코]
6~7단: 짧은뜨기 30 [30코]
8단: (짧은뜨기 4, 코늘리기 1) × 3, 짧은뜨기 15 [33코]
9단: 짧은뜨기 5, 다음 코에 짧은뜨기 1 + 긴뜨기 1 + 한길긴뜨기 1+ 긴뜨기 1 + 짧은뜨기 1, 빼뜨기 5, 다음 코에 짧은뜨기 1

원숭이 조니 69

+ 긴뜨기 1 + 한길긴뜨기 1 + 긴뜨기 1 + 짧은뜨기 1, 짧은뜨기 21 [41코]

10단: 짧은뜨기 7, 코늘리기 1, 짧은뜨기 2, 안 보이게 코줄이기 1, 짧은뜨기 1, 안 보이게 코줄이기 1, 짧은뜨기 2, 코늘리기 1, 짧은뜨기 23 [41코]

꼬리실을 남기고 끊는다. 얼굴의 9단에 5코 간격으로 인형눈을 넣는다. 머리의 7~8단 사이 중앙에 붙인다. 마무리하기 전에 충전재를 채운다.

귀(2개) 실: 노란색

1단: 매직링에 짧은뜨기 5 [5코]
2단: 코늘리기 5 [10코]
3단: (짧은뜨기 1, 코늘리기 1) × 5 [15코]
4단: (짧은뜨기 2, 코늘리기 1) × 5 [20코]
5단: 짧은뜨기 20 [20코]
6단: (짧은뜨기 2, 안 보이게 코줄이기 1) × 5 [15코]
7단: (짧은뜨기 1, 안 보이게 코줄이기 1) × 5 [10코]

꼬리실을 남기고 끊는다. 충전재를 채우지 않는다. 귀를 반으로 접는다. 얼굴에 2단 간격을 두고 10~11단 사이에 붙인다.

몸 실: 갈색

1단: 매직링에 짧은뜨기 5 [5코]
2단: 코늘리기 5 [10코]
3단: (짧은뜨기 1, 코늘리기 1) × 5 [15코]
4단: (짧은뜨기 2, 코늘리기 1) × 5 [20코]
5단: (짧은뜨기 3, 코늘리기 1) × 5 [25코]
6단: (짧은뜨기 4, 코늘리기 1) × 5 [30코]
7단: (짧은뜨기 5, 코늘리기 1) × 5 [35코]
8~13단: 짧은뜨기 35 [35코]
14단: (짧은뜨기 5, 안 보이게 코줄이기 1) × 5 [30코]
15단: (짧은뜨기 4, 안 보이게 코줄이기 1) × 5 [25코]
16단: (짧은뜨기 3, 안 보이게 코줄이기 1) × 5 [20코]
17단: 짧은뜨기 20 [20코]
18단: (짧은뜨기 2, 안 보이게 코줄이기 1) × 5 [15코]
19~20단: 짧은뜨기 15 [15코]

꼬리실을 남기고 끊는다. 귀를 머리에 붙인다.

팔(2개) 실: 노란색, 갈색

1단: 노란색. 매직링에 짧은뜨기 6 [6코]
2단: 코늘리기 6 [12코]
3단: (짧은뜨기 3, 코늘리기 1) × 3 [15코]
4~6단: 짧은뜨기 15 [15코]
7단: 안 보이게 코줄이기 3, 짧은뜨기 9 [12코]
8~19단: 갈색. 짧은뜨기 12 [12코]

충전재를 채운다.

20단: 안 보이게 코줄이기 6 [6코]

꼬리실을 남기고 끊는다. 남은 코의 앞고리에 실을 통과하여 잡아당겨 조인다. 실을 정리한다. 돗바늘과 갈색실을 준비한다. 바늘을 팔 안쪽에 꽂고 밖으로 꺼낸다. 나온 곳에서 한 코 건너뛰어 몸에 바늘을 통과시킨다. 다시 팔에 바늘을 꽂고 한 코 건너뛰어 바늘을 통과시켜 팔과 몸을 연결한다.(사진 1) 실 끝을 잡고 단단한 매듭을 2개 만들고 정리한다.

다리(2개) 실: 노란색, 갈색

1단: 노란색. 사슬뜨기 6, 2번째 사슬코에서 시작하여 짧은뜨기 4, 다음 코에 짧은뜨기 3. 기초 사슬코의 반대쪽 고리에 짧은뜨기 3, 코늘리기 1 [12코]
2단: 코늘리기 1, 짧은뜨기 3, 코늘리기 3, 짧은뜨기 3, 코늘리기

2 [18코]

3단: 짧은뜨기 1, 코늘리기 1, 짧은뜨기 4, 코늘리기 1, 짧은뜨기 3, 코늘리기 1, 짧은뜨기 5, 코늘리기 1, 짧은뜨기 1 [22코]

4~5단: 짧은뜨기 22 [22코]

6단: 짧은뜨기 6, 안 보이게 코줄이기 2, 짧은뜨기 2, 안 보이게 코줄이기 2, 짧은뜨기 6 [18코]

7단: 짧은뜨기 5, 안 보이게 코줄이기 4, 짧은뜨기 5 [14코]

충전재를 채운다.

8~19단: 갈색. 짧은뜨기 14 [14코]

20단: 안 보이게 코줄이기 7 [7코]

충전재를 채운다. 다리의 아랫부분에는 충전재를 채운다. 위 쪽은 채우지 않아도 된다. 꼬리실을 남기고 끊는다. 남은 코의 앞고리에 실을 통과하여 잡아당겨 조인다. 안정적으로 앉을 수 있도록 몸의 1~7단에 다리를 붙인다.

꼬리 실: 갈색

1단: 매직링에 짧은뜨기 6 [6코]

2단: 코늘리기 6 [12코]

충전재를 채운다.

3~39단: 짧은뜨기 12 [12코]

꼬리실을 남기고 끊는다. 몸의 뒤쪽 중앙 3~7단에 붙인다. 끝부분이 곡선이 되도록 모양을 잡는다.

청둥오리 메이어 & 아기오리

by Little Muggles (Amy Lin)

난이도: ★★★
완성된 크기: 메이어 19cm / 아기오리 9cm

준비물:
- 메이어
  • 초록색, 노란색, 베이지, 갈색, 진갈색, 파란색(조금), 흰색 (조금)
  • 코바늘 3.5mm
  • 인형눈 12mm

- 아기 오리
  • 실: 노란색, 주황색
  • 코바늘 3mm
  • 인형눈 7mm
  • 돗바늘
  • 마커
  • 충전재

 코바늘 동물인형 갤러리
www.amigurumi.com/2212
작품을 올리고 영감을 얻으세요!

청둥오리 메이어

머리 & 몸 실: 초록색, 흰색, 베이지색

1단: 초록색. 매직링에 짧은뜨기 6 [6코]
2단: 코늘리기 6 [12코]
3단: (짧은뜨기 1, 코늘리기 1) × 6 [18코]
4단: 짧은뜨기 18 [18코]
5단: (짧은뜨기 2, 코늘리기 1) × 6 [24코]
6단: (짧은뜨기 3, 코늘리기 1) × 6 [30코]
7단: 짧은뜨기 2, 코늘리기 1, (짧은뜨기 4, 코늘리기 1) × 5, 짧은뜨기 2 [36코]
8단: (짧은뜨기 5, 코늘리기 1) × 6 [42코]
9단: 짧은뜨기 42 [42코]

10단: 짧은뜨기 3, 코늘리기 1, (짧은뜨기 6, 코늘리기 1) × 5, 짧은뜨기 3 [48코]
11단: (짧은뜨기 7, 코늘리기 1) × 6 [54코]
12~17단: 짧은뜨기 54 [54코]
18단: (짧은뜨기 7, 안 보이게 코줄이기 1) × 6 [48코]
19단: 짧은뜨기 3, 안 보이게 코줄이기 1, (짧은뜨기 6, 안 보이게 코줄이기 1) × 5, 짧은뜨기 3 [42코]
20단: 짧은뜨기 42 [42코]
21단: (짧은뜨기 5, 안 보이게 코줄이기 1) × 6 [36코]
22단: 짧은뜨기 2, 안 보이게 코줄이기 1, (짧은뜨기 4, 안 보이게 코줄이기 1) × 5, 짧은뜨기 2 [30코]
23단: (짧은뜨기 3, 안 보이게 코줄이기 1) × 6 [24코]
24단: (짧은뜨기 2, 안 보이게 코줄이기 1) × 6 [18코]
충전재를 단단하게 채운다.
25~27단: 흰색. 짧은뜨기 18 [18코]
28단: 짧은뜨기 6
베이지색. 사슬뜨기 15, 2번째 사슬코에서 시작하여 짧은뜨기 14, 시작한 코에 짧은뜨기 1
갈색. 짧은뜨기 12 [47코]
인형눈을 넣는다. 앞을 향하게 하려면 몸의 위치를 알아야 한다.

사슬을 잡고 머리 꼭대기까지 똑바로 당긴다.(사진 1) 반대편으로 완전히 당기면 얼굴의 중앙 부분을 알 수 있다.(사진 2) 눈을 이 사슬의 양쪽에 대칭으로 놓는다. 눈은 14~15단 사이에 11코 간격을 두고 넣는다.(사진 3)
색을 바꿔가며 작업한다.
29단: (갈색) 짧은뜨기 6, (베이지색) 짧은뜨기 13, 코늘리기 2, 짧은뜨기 15, (갈색) 짧은뜨기 11 [49코]
30단: (코늘리기 1, 짧은뜨기 2) × 2, (베이지색) 짧은뜨기 14, 코늘리기 2, 짧은뜨기 15, 코늘리기 1, (갈색) 짧은뜨기 2, (코늘리기 1, 짧은뜨기 2) × 3 [57코]
31단: (코늘리기 1, 짧은뜨기 3) × 2 (베이지색) 짧은뜨기 14, 코늘리기 1, 짧은뜨기 2, 코늘리기 1, 짧은뜨기 15, 코늘리기 1, 짧은뜨기 1, (갈색) 짧은뜨기 2, (코늘리기 1, 짧은뜨기 3) × 3 [65코]
32단: 짧은뜨기 10, (베이지색) 짧은뜨기 15, 코늘리기 1, 짧은뜨기 3, 코늘리기 1, 짧은뜨기 18, (갈색) 짧은뜨기 17 [67코]
33~34단: 짧은뜨기 10, (베이지색) 짧은뜨기 40, (갈색) 짧은뜨기 17 [67코]
35단: 짧은뜨기 10, (베이지색) 코늘리기 1, (짧은뜨기 10, 코늘리기 1) × 3, 짧은뜨기 6, (갈색) 짧은뜨기 4, 코늘리기 1, 짧은뜨기 11, 코늘리기 1 [73코]
36~38단: 짧은뜨기 10, (베이지색) 짧은뜨기 44, (갈색) 짧은뜨기 19 [73코]

39단: 안 보이게 코줄이기 1, 짧은뜨기 8, (베이지색) (안 보이게 코줄이기 1, 짧은뜨기 9) × 4, (갈색) 안 보이게 코줄이기 1, 짧은뜨기 8, 안 보이게 코줄이기 1, 짧은뜨기 7 [66코]

40단: 짧은뜨기 9, (베이지색) 짧은뜨기 40, (갈색) 짧은뜨기 17 [66코]

41단: 안 보이게 코줄이기 1, 짧은뜨기 7, (베이지색) (안 보이게 코줄이기 1, 짧은뜨기 8) × 4, (갈색) 안 보이게 코줄이기 1, 짧은뜨기 7, 안 보이게 코줄이기 1, 짧은뜨기 6 [59코]

42단: 안 보이게 코줄이기 1, 짧은뜨기 6, (베이지색) (안 보이게 코줄이기 1, 짧은뜨기 7) × 4, (갈색) 안 보이게 코줄이기 1, 짧은뜨기 6, 안 보이게 코줄이기 1, 짧은뜨기 5 [52코]

43단: 짧은뜨기 7, (베이지색) 짧은뜨기 32, (갈색) 짧은뜨기 13 [52코]

44단: 안 보이게 코줄이기 1, 짧은뜨기 5, (베이지색) (안 보이게 코줄이기 1, 짧은뜨기 6) × 4, (갈색) 안 보이게 코줄이기 1, 짧은뜨기 5, 안 보이게 코줄이기 1, 짧은뜨기 4 [45코]

45~46단: 짧은뜨기 6, (베이지색) 짧은뜨기 28, (갈색) 짧은뜨기 11 [45코]

47단: 안 보이게 코줄이기 1, 짧은뜨기 4, (베이지색) 짧은뜨기 9, 안 보이게 코줄이기 1, 짧은뜨기 12, 안 보이게 코줄이기 1, 짧은뜨기 3, (갈색) 짧은뜨기 11 [42코]

48단: 뒤걸어 짧은뜨기 5, (베이지색) 뒤걸어 짧은뜨기 26, (갈색) 뒤걸어 짧은뜨기 11 [42코]

49단: 베이지색. (짧은뜨기 5, 안 보이게 코줄이기 1) × 6 [36코]

50단: (짧은뜨기 4, 안 보이게 코줄이기 1) × 6 [30코]
충전재를 채운다.

51단: (짧은뜨기 3, 안 보이게 코줄이기 1) × 6 [24코]

52단: (짧은뜨기 2, 안 보이게 코줄이기 1) × 6 [18코]

53단: (짧은뜨기 1, 안 보이게 코줄이기 1) × 6 [12코]

54단: 안 보이게 코줄이기 6 [6코]
실을 끊고 정리한다.

부리 실: 노란색

1단: 사슬뜨기 8, 2번째 사슬코에서 시작하여 짧은뜨기 6, 코늘리기 1, 기초 사슬코의 반대쪽 고리에 짧은뜨기 6, 코늘리기 1 [16코]

2단: 코늘리기 1, 짧은뜨기 5, 코늘리기 1, 짧은뜨기 1, 코늘리기 1, 짧은뜨기 6, 코늘리기 1 [20코]

3~5단: 짧은뜨기 20 [20코]
꼬리실을 남기고 끊는다. 충전재를 채운다. 머리의 15~18단, 눈 사이 중앙에 붙인다.(사진 4)

오른쪽 날개 실: 베이지색, 진갈색, 파란색

1단: 베이지색. 매직링에 짧은뜨기 6 [6코]

2단: 코늘리기 6 [12코]

3단: (짧은뜨기 1, 코늘리기 1) × 6 [18코]

4~8단: 짧은뜨기 18 [18코]

9단: (진갈색) 짧은뜨기 8, (파란색) 짧은뜨기 10 [18코]

10단: (진갈색) 짧은뜨기 18 [18코]

11단: (짧은뜨기 1, 안 보이게 코줄이기 1) × 6 [12코]

12~13단: 짧은뜨기 12 [12코]

14단: (짧은뜨기 1, 안 보이게 코줄이기 1) × 4 [8코]

15단: (짧은뜨기 1, 안 보이게 코줄이기 1) × 2, 짧은뜨기 2 [6코]

16단: 안 보이게 코줄이기 2 [4코]

뜨지 않은 코는 남겨둔다. 실을 끊고 정리한다. 충전재를 채우지 않는다.

왼쪽 날개 실: 베이지색, 진갈색, 파란색

1단: 베이지색. 매직링에 짧은뜨기 6 [6코]
2단: 코늘리기 6 [12코]
3단: (짧은뜨기 1, 코늘리기 1) × 6 [18코]
4~8단: 짧은뜨기 18 [18코]
9단: (파란색) 짧은뜨기 10, (진갈색) 짧은뜨기 8 [18코]
10단: 짧은뜨기 18 [18코]
11단: (짧은뜨기 1, 안 보이게 코줄이기 1) × 6 [12코]
12~13단: 짧은뜨기 12 [12코]
14단: (짧은뜨기 1, 안 보이게 코줄이기 1) × 4 [8코]
15단: (짧은뜨기 1, 안 보이게 코줄이기 1) × 2, 짧은뜨기 2 [6코]
16단: 안 보이게 코줄이기 2 [4코]

뜨지 않은 코는 남겨둔다. 실을 끊고 정리한다. 충전재를 채우지 않는다. 몸의 양 옆쪽에 붙인다. 파란 줄무늬가 있는 부분이 바닥쪽을 향하도록 한다.

아기오리

머리 & 몸 실: 노란색

1단: 매직링에 짧은뜨기 6 [6코]
2단: 코늘리기 6 [12코]
3단: (짧은뜨기 1, 코늘리기 1) × 6 [18코]
4단: 짧은뜨기 18 [18코]
5단: (짧은뜨기 2, 코늘리기 1) × 6 [24코]
6단: 짧은뜨기 24 [24코]
7단: (짧은뜨기 3, 코늘리기 1) × 6 [30코]
8단: (짧은뜨기 4, 코늘리기 1) × 6 [36코]
9단: 짧은뜨기 36 [36코]
10단: (짧은뜨기 4, 안 보이게 코줄이기 1) × 6 [30코]
11단: (짧은뜨기 3, 안 보이게 코줄이기 1) × 6 [24코]
12단: (짧은뜨기 2, 안 보이게 코줄이기 1) × 6 [18코]
13단: (짧은뜨기 1, 안 보이게 코줄이기 1) × 6 [12코]

충전재를 채운다. 인형눈을 넣는다. 앞을 향하게 하려면 몸의 위치를 알아야 한다. 실 고리를 잡고 머리 꼭대기까지 똑바로 당긴다.(사진 5) 반대편으로 당기면 얼굴의 중앙 부분을 알 수 있다.(사진 6) 눈을 이 실의 양쪽에 대칭으로 놓는다. 눈은 8~9단 사이에 6코 간격을 두고 붙인다.(사진 7-8)

14단: (짧은뜨기 3, 안 보이게 코줄이기 1) × 2, 짧은뜨기 2 [10코]
15~16단: 짧은뜨기 10 [10코]
17단: 짧은뜨기 10, 사슬뜨기 12, 2번째 사슬코에서 시작하여 짧은뜨기 11 [21코]
18단: (짧은뜨기 2, 코늘리기 1) × 3, 짧은뜨기 1, 사슬코에 짧은뜨기 10, 코늘리기 2, 짧은뜨기 10 [37코]
19단: (짧은뜨기 3, 코늘리기 1) × 3, 짧은뜨기 12, 코늘리기 1, 짧은뜨기 1, 코늘리기 1, 짧은뜨기 10 [42코]
20단: (짧은뜨기 4, 코늘리기 1) × 3, 짧은뜨기 12, 코늘리기 1, 짧은뜨기 2, 코늘리기 1, 짧은뜨기 11 [47코]
21~22단: 짧은뜨기 47 [47코]
23단: 짧은뜨기 31, 안 보이게 코줄이기 1, 짧은뜨기 2, 안 보이게 코줄이기 1, 짧은뜨기 10 [45코]
24~25단: 짧은뜨기 45 [45코]
26단: (짧은뜨기 4, 안 보이게 코줄이기 1) × 3, 짧은뜨기 14, 안 보이게 코줄이기 1, 짧은뜨기 1, 안 보이게 코줄이기 1, 짧은뜨기 8 [40코]
27단: (짧은뜨기 3, 안 보이게 코줄이기 1) × 3, 짧은뜨기 13, 안 보이게 코줄이기 1, 짧은뜨기 1, 안 보이게 코줄이기 1, 짧은뜨기 7 [35코]
28단: (짧은뜨기 2, 안 보이게 코줄이기 1) × 4, 짧은뜨기 8, 안 보이게 코줄이기 1, 짧은뜨기 2, 안 보이게 코줄이기 1, 짧은뜨기 5 [29코]
29단: (짧은뜨기 2, 안 보이게 코줄이기 1) × 3, 짧은뜨기 7, 안 보이게 코줄이기 1, 짧은뜨기 2, 안 보이게 코줄이기 1, 짧은뜨기 4 [24코]

충전재를 채운다.
30단: 뒤걸어 짧은뜨기 24 [24코]
31단: (짧은뜨기 2, 안 보이게 코줄이기 1) × 6 [18코]
32단: (짧은뜨기 1, 안 보이게 코줄이기 1) × 6 [12코]
33단: 안 보이게 코줄이기 6 [6코]
실을 끊고 정리한다.

부리 실: 주황색

1단: 사슬뜨기 5, 2번째 사슬코에서 시작하여 짧은뜨기 3, 코늘리기 1, 기초 사슬코의 반대쪽 고리에 짧은뜨기 3, 코늘리기 1 [10코]
2~3단: 짧은뜨기 10 [10코]
꼬리실을 남기고 끊는다. 머리의 9~10단에 붙인다.

날개(2개) 실: 노란색

1단: 매직링에 짧은뜨기 6 [6코]
2단: 코늘리기 6 [12코]
3~4단: 짧은뜨기 12 [12코]
5단: (짧은뜨기 2, 안 보이게 코줄이기 1) × 3 [9코]
6단: 짧은뜨기 9 [9코]
7단: (짧은뜨기 2, 안 보이게 코줄이기 1) × 2, 짧은뜨기 1 [7코]
8단: 짧은뜨기 2, 안 보이게 코줄이기 1, 짧은뜨기 3 [6코]
9단: 짧은뜨기 2, 안 보이게 코줄이기 1, 짧은뜨기 2 [5코]
10단: 안 보이게 코줄이기 2 [2코]
뜨지 않은 코는 남겨둔다. 실을 끊고 정리한다. 충전재를 채우지 않는다. 몸의 양쪽 옆에 붙인다.

해마
블루밍

by A Morning Cup of Jo Creations
(Josephine Wu)

난이도: ★★

완성된 크기: 20cm

준비물:
- 실: 하늘색, 파란색 (조금), 주황색 (조금)
- 코바늘 3.75mm
- 인형눈 12mm
- 흰색 펠트천
- 주황색, 파란색 자수실
- 주황색 비즈 구슬
- 돗바늘
- 핀
- 섬유 접착제
- 마커
- 충전재

 코바늘 동물인형 갤러리
www.amigurumi.com/413
작품을 올리고 영감을 얻으세요!

머리 실: 주황색

1단: 매직링에 짧은뜨기 6 [6코]
2단: 코늘리기 6 [12코]
3단: (코늘리기 1, 짧은뜨기 1) × 6 [18코]
4단: 뒷고리 이랑뜨기로 짧은뜨기 18 [18코]
5단: 짧은뜨기 18 [18코]
6단: (안 보이게 코줄이기 1, 짧은뜨기 1) × 6 [12코]
7단: 짧은뜨기 12 [12코]
8단: 코늘리기 6, 앞고리 이랑뜨기로 짧은뜨기 6 [18코]
9단: (코늘리기 1, 짧은뜨기 1) × 6, 짧은뜨기 6 [24코]

10단: (코늘리기 1, 짧은뜨기 2) × 6, 짧은뜨기 6 [30코]
11단: (코늘리기 1, 짧은뜨기 3) × 6, 짧은뜨기 6 [36코]
12단: (코늘리기 1, 짧은뜨기 4) × 6, 짧은뜨기 6 [42코]
13단: 짧은뜨기 42 [42코]
14단: (코늘리기 1, 짧은뜨기 6) × 6 [48코]
15단: (코늘리기 1, 짧은뜨기 7) × 6 [54코]
16단: (코늘리기 1, 짧은뜨기 8) × 6 [60코]
펠트천을 인형눈보다 조금 더 큰 원으로 자른다. 가운데에 틈을 내고 인형눈을 넣는다. 8~12단 코늘림이 있는 부분이 위쪽이 되도록 하여 12~13단 사이에 완성된 눈을 붙인다.
17~19단: 짧은뜨기 60 [60코]
20단: (안 보이게 코줄이기 1, 짧은뜨기 8) × 6 [54코]
21단: (안 보이게 코줄이기 1, 짧은뜨기 7) × 6 [48코]
22단: (안 보이게 코줄이기 1, 짧은뜨기 6) × 6 [42코]
충전재를 채운다.
23단: (안 보이게 코줄이기 1, 짧은뜨기 5) × 6 [36코]
24단: (안 보이게 코줄이기 1, 짧은뜨기 4) × 6 [30코]
25단: (안 보이게 코줄이기 1, 짧은뜨기 3) × 6 [24코]
26단: (안 보이게 코줄이기 1, 짧은뜨기 2) × 6 [18코]
27단: (안 보이게 코줄이기 1, 짧은뜨기 1) × 6 [12코]
28단: 안 보이게 코줄이기 6 [6코]
꼬리실을 남기고 끊는다. 남은 코의 앞고리에 실을 통과하여 잡아당겨 조인다. 실을 정리한다.

몸 실: 하늘색

* 몸은 연결된 단으로 떠서 배와 꼬리가 곡선이 되도록 한다. 마지막 빼뜨기한 코가 다음 단의 시작코가 된다. 꼬리에서 시작한다.

1단: 매직링에 짧은뜨기 4 [4코]
2~3단: 사슬뜨기 1, 짧은뜨기 4, 빼뜨기, 사슬뜨기 1 [4코]
4단: 코늘리기 1, 짧은뜨기 3, 빼뜨기, 사슬뜨기 1 [5코]
5단: 코늘리기 1, 짧은뜨기 4, 빼뜨기, 사슬뜨기 1 [6코]
6단: 짧은뜨기 6, 빼뜨기, 사슬뜨기 1 [6코]
7단: 코늘리기 1, 짧은뜨기 5, 빼뜨기, 사슬뜨기 1 [7코]
8단: 짧은뜨기 7, 빼뜨기, 사슬뜨기 1 [7코]

9단: 코늘리기 1, 짧은뜨기 6, 빼뜨기, 사슬뜨기 1 [8코]
10단: 짧은뜨기 8, 빼뜨기, 사슬뜨기 1 [8코]
11단: 코늘리기 1, 짧은뜨기 7, 빼뜨기, 사슬뜨기 1 [9코]
12단: 짧은뜨기 9, 빼뜨기, 사슬뜨기 1 [9코]
13단: 코늘리기 1, 짧은뜨기 8, 빼뜨기, 사슬뜨기 1 [10코]
14단: 짧은뜨기 10, 빼뜨기, 사슬뜨기 1 [10코]
15단: 코늘리기 1, 짧은뜨기 9, 빼뜨기, 사슬뜨기 1 [11코]
16단: 짧은뜨기 11, 빼뜨기, 사슬뜨기 1 [11코]
17단: 코늘리기 1, 짧은뜨기 10, 빼뜨기, 사슬뜨기 1 [12코]
18단: 짧은뜨기 6, 코늘리기 6, 빼뜨기, 사슬뜨기 1 [18코]

19단: 짧은뜨기 6, (코늘리기 1, 짧은뜨기 1) × 6, 빼뜨기, 사슬뜨기 1 [24코]

20단: 짧은뜨기 6, (코늘리기 1, 짧은뜨기 2) × 6, 빼뜨기, 사슬뜨기 1 [30코]

21단: 짧은뜨기 6, (코늘리기 1, 짧은뜨기 3) × 6, 빼뜨기, 사슬뜨기 1 [36코]

22단: 짧은뜨기 36, 빼뜨기, 사슬뜨기 1 [36코]

23단: 짧은뜨기 6, (안 보이게 코줄이기 1, 짧은뜨기 3) × 6, 사슬뜨기 1 [30코]

24단: 짧은뜨기 30, 빼뜨기, 사슬뜨기 1 [30코]

25단: 짧은뜨기 6, (안 보이게 코줄이기 1, 짧은뜨기 2) × 6, 빼뜨기, 사슬뜨기 1 [24코]

26단: 짧은뜨기 24, 빼뜨기, 사슬뜨기 1 [24코]

충전재를 채운다. 꼬리 끝에는 충전재를 채우지 않는다.

27단: (안 보이게 코줄이기 1, 짧은뜨기 2) × 6, 빼뜨기, 사슬뜨기 1 [18코]

28단: 짧은뜨기 18, 빼뜨기, 사슬뜨기 1 [18코]

29단: (안 보이게 코줄이기 1, 짧은뜨기 1) × 6, 빼뜨기, 사슬뜨기 1 [12코]

30단: 한길긴뜨기 3, 빼뜨기 9, 빼뜨기, 사슬뜨기 1 [12코]

31단: 짧은뜨기 12, 빼뜨기 [12코]

꼬리실을 남기고 끊는다. 머리의 17~19단 사이에 붙인다. 꼬리를 말아 몇 땀을 떠서 고정한다.

갈기 실: 파란색

1단: 사슬뜨기 42, 2번째 사슬코에서 시작하여 짧은뜨기 1, 한길긴뜨기 2, 짧은뜨기 1, 빼뜨기, (짧은뜨기 1, 한길긴뜨기 1, 두길긴뜨기 2, 한길긴뜨기 1, 짧은뜨기 1, 빼뜨기) × 2, 짧은뜨기 1, 한길긴뜨기 2, 짧은뜨기 1, 빼뜨기, 짧은뜨기 1, 한길긴뜨기 1, 짧은뜨기 1, 빼뜨기 3 (첫 빼뜨기 코에 마커 걸기), (짧은뜨기 1, 한길긴뜨기 1, 짧은뜨기 1, 빼뜨기) × 2, 짧은뜨기 1, 빼뜨기 2 [41코]

꼬리실을 남기고 끊는다. 머리와 목이 만나는 부분에 표시해 둔 부분을 고정한다. 나머지 갈기를 1단의 첫 코가 머리에 닿도록 고정하고, 마지막 코가 등을 따라 늘어지도록 한다. 갈기가 해마의 주둥이와 눈의 일직선상에 있는지 확인한다. 실을 정리한다.

아래쪽 지느러미(2개) 실: 주황색
1단: 매직링에 사슬뜨기 2, 한길긴뜨기 2, 사슬뜨기 2, 빼뜨기, 사슬뜨기 3, 두길긴뜨기 1, 사슬뜨기 1, 한길긴뜨기 1, 사슬뜨기 1, 한길긴뜨기 1
실을 잡아당겨 링을 조이고 꼬리실을 남긴다. 지느러미의 반쪽은 다른 쪽보다 더 크고 이것이 윗부분이 된다. 몸의 양쪽 옆 22~25단 사이에 붙인다.

위쪽 지느러미(2개) 실: 주황색
1단: 매직링에 사슬뜨기 3, 두길긴뜨기 2, 사슬뜨기 1, 한길긴뜨기 2, 사슬뜨기 2, 빼뜨기
실을 잡아당겨 링을 조이고 꼬리실을 남긴다. 머리 양쪽 옆 24~27단 사이에 대각선으로 붙인다.

연결하기
- 파란색 자주실로 갈기에 주황색 비즈 구슬을 바느질한다.
- 타원형으로 펠트 조각을 잘라낸다. 배 부분에 붙이고 주황색 자수실로 배에 줄무늬를 수놓는다.

기린 스탠리

by Little Muggles(Amy Lin)

난이도: ★

완성된 크기: 25cm

준비물:
- 실: 노란색, 베이지색, 고동색
- 코바늘 4mm
- 인형눈 12mm
- 작은 단추 2개 또는 검정색 자수실
- 돗바늘
- 빨간 리본
- 마커
- 충전재

코바늘 동물인형 갤러리
www.amigurumi.com/405
작품을 올리고 영감을 얻으세요!

머리 실: 노란색

1단: 매직링에 짧은뜨기 6 [6코]
2단: 코늘리기 6 [12코]
3단: (짧은뜨기 1, 코늘리기 1) × 6 [18코]
4단: (짧은뜨기 2, 코늘리기 1) × 6 [24코]
5단: 짧은뜨기 24 [24코]
6단: (짧은뜨기 3, 코늘리기 1) × 6 [30코]
7단: (짧은뜨기 4, 코늘리기 1) × 6 [36코]
8단: (짧은뜨기 5, 코늘리기 1) × 6 [42코]
9단: 짧은뜨기 42 [42코]
10단: (짧은뜨기 6, 코늘리기 1) × 6 [48코]
11단: 짧은뜨기 48 [48코]
12단: (짧은뜨기 7, 코늘리기 1) × 6 [54코]

13~17단: 짧은뜨기 54 [54코]

18단: (짧은뜨기 7, 안 보이게 코줄이기 1) × 6 [48코]

19단: 짧은뜨기 48 [48코]

20단: (짧은뜨기 6, 안 보이게 코줄이기 1) × 6 [42코]

21단: (짧은뜨기 5, 안 보이게 코줄이기 1) × 6 [36코]

22단: (짧은뜨기 4, 안 보이게 코줄이기 1) × 6 [30코]

23단: 짧은뜨기 30 [30코]

24단: (짧은뜨기 3, 안 보이게 코줄이기 1) × 6 [24코]

25~29단: 짧은뜨기 24 [24코]

실을 끊고 정리한다. 13단과 14단의 사이에 11코의 간격을 두어 인형눈을 붙인다. 충전재를 채운다.

뿔(2개) 실: 고동색, 노란색

1단: 고동색. 매직링에 짧은뜨기 6 [6코]

2단: 코늘리기 6 [12코]

3단: 짧은뜨기 12 [12코]

4단: (짧은뜨기 1, 안 보이게 코줄이기 1) × 4 [8코]

5~9단: 노란색. 짧은뜨기 8 [8코]

꼬리실을 남기고 끊는다. 충전재를 채우지 않는다. 머리의 4~5단 사이에 붙인다.

귀(2개) 실: 노란색

1단: 매직링에 짧은뜨기 4 [4코]

2단: 짧은뜨기 4 [4코]

3단: 코늘리기 4 [8코]

4단: 짧은뜨기 8 [8코]

5단: (짧은뜨기 1, 코늘리기 1) × 4 [12코]

6단: (짧은뜨기 2, 코늘리기 1) × 4 [16코]

7단: (짧은뜨기 3, 코늘리기 1) × 4 [20코]

8단: 짧은뜨기 20 [20코]

9단: (짧은뜨기 3, 안 보이게 코줄이기 1) × 4 [16코]

10단: (짧은뜨기 2, 안 보이게 코줄이기 1) × 4 [12코]

11단: (짧은뜨기 1, 안 보이게 코줄이기 1) × 4 [8코]

꼬리실을 남기고 끊는다. 귀를 납작하게 누른다. 충전재를 채우지 않는다. 머리의 9~11단 사이에 붙인다.

주둥이 실: 베이지색

1단: 사슬뜨기 9, 2번째 사슬코에서 시작하여 짧은뜨기 7, 코늘리기 1, 기초 사슬코의 반대쪽 고리에 짧은뜨기 7, 코늘리기 1 [18코]

2단: (짧은뜨기 1, 코늘리기 1, 짧은뜨기 6, 코늘리기 1) × 2 [22코]

3단: (짧은뜨기 2, 코늘리기 1, 짧은뜨기 7, 코늘리기 1) × 2 [26코]

4단: 짧은뜨기 26 [26코]

5단: (짧은뜨기 3, 코늘리기 1, 짧은뜨기 8, 코늘리기 1) × 2 [30코]

6단: 짧은뜨기 30 [30코]

7단: (짧은뜨기 4, 코늘리기 1, 짧은뜨기 9, 코늘리기 1) × 2 [34코]

8단: 짧은뜨기 34 [34코]

9단: 짧은뜨기 4, 안 보이게 코줄이기 1, 짧은뜨기 8, 안 보이게 코줄이기 1, 짧은뜨기 5, 안 보이게 코줄이기 1, 짧은뜨기 9, 안 보이

게 코줄이기 1 [30코]

꼬리실을 남기고 끊는다. 충전재를 채운다. 머리의 14~23단 사이에 붙인다. 단추를 꿰매거나 자수실로 수놓아 콧구멍을 만든다.

몸 실: 노란색

1단: 매직링에 짧은뜨기 6 [6코]
2단: 코늘리기 6 [12코]
3단: (짧은뜨기 1, 코늘리기 1) × 6 [18코]
4단: (짧은뜨기 2, 코늘리기 1) × 6 [24코]
5단: (짧은뜨기 3, 코늘리기 1) × 6 [30코]
6단: (짧은뜨기 4, 코늘리기 1) × 6 [36코]
7단: (짧은뜨기 5, 코늘리기 1) × 6 [42코]
8단: 짧은뜨기 42 [42코]
9단: (짧은뜨기 6, 코늘리기 1) × 6 [48코]
10단: (짧은뜨기 7, 코늘리기 1) × 6 [54코]
11단: (짧은뜨기 8, 코늘리기 1) × 6 [60코]
12단: (짧은뜨기 9, 코늘리기 1) × 6 [66코]
13~14단: 짧은뜨기 66 [66코]
15단: (짧은뜨기 9, 안 보이게 코줄이기 1) × 6 [60코]
16~17단: 짧은뜨기 60 [60코]
18단: (짧은뜨기 8, 안 보이게 코줄이기 1) × 6 [54코]
19단: 짧은뜨기 54 [54코]
20단: (짧은뜨기 7, 안 보이게 코줄이기 1) × 6 [48코]
21단: 짧은뜨기 48 [48코]
22단: (짧은뜨기 6, 안 보이게 코줄이기 1) × 6 [42코]
23단: 짧은뜨기 42 [42코]

충전재를 채운다.

24단: (짧은뜨기 5, 안 보이게 코줄이기 1) × 6 [36코]
25단: (짧은뜨기 4, 안 보이게 코줄이기 1) × 6 [30코]
26~28단: 짧은뜨기 30 [30코]
29단: (짧은뜨기 3, 안 보이게 코줄이기 1) × 6 [24코]
30~34단: 짧은뜨기 24 [24코]

꼬리실을 남기고 끊는다. 충전재를 더 채우고 정리한다.

팔(2개) 실: 고동색, 노란색

1단: 고동색. 매직링에 짧은뜨기 6 [6코]
2단: 코늘리기 6 [12코]
3단: (짧은뜨기 1, 코늘리기 1) × 6 [18코]
4단: (짧은뜨기 2, 코늘리기 1) × 6 [24코]
5단: 뒷고리 이랑뜨기로 짧은뜨기 24 [24코]
6~7단: 짧은뜨기 24 [24코]
8단: (짧은뜨기 2, 안 보이게 코줄이기 1) × 6 [18코]
9단: 노란색. 뒷고리 이랑뜨기로 짧은뜨기 18 [18코]
10단: 짧은뜨기 18 [18코]
11단: (짧은뜨기 3, 안 보이게 코줄이기 1, 짧은뜨기 2, 안 보이게 코줄이기 1) × 2 [14코]
12~14단: 짧은뜨기 14 [14코]

충전재를 채운다.

15단: (짧은뜨기 2, 안 보이게 코줄이기 1) × 3, 짧은뜨기 2 [11코]

16~17단: 짧은뜨기 11 [11코]

18단: (짧은뜨기 2, 안 보이게 코줄이기 1) × 2, 짧은뜨기 3 [9코]

19~20단: 짧은뜨기 9 [9코]

꼬리실을 남기고 끊는다. 머리를 붙인 곳으로부터 9단 아래, 몸 양쪽에 붙인다.

다리(2개) 실: 고동색, 노란색

1단: 고동색. 매직링에 짧은뜨기 6 [6코]
2단: 코늘리기 6 [12코]
3단: (짧은뜨기 1, 코늘리기 1) × 6 [18코]
4단: (짧은뜨기 2, 코늘리기 1) × 6 [24코]
5단: (짧은뜨기 3, 코늘리기 1) × 6 [30코]
6단: (짧은뜨기 4, 코늘리기 1) × 6 [36코]
7단: 뒷고리 이랑뜨기로 짧은뜨기 36 [36코]
8~9단: 짧은뜨기 36 [36코]
10단: (짧은뜨기 4, 안 보이게 코줄이기 1) × 6 [30코]
11단: 노란색. 뒷고리 이랑뜨기로 짧은뜨기 30 [30코]
12단: 짧은뜨기 30 [30코]
13단: (짧은뜨기 3, 안 보이게 코줄이기 1) × 6 [24코]
14~15단: 짧은뜨기 24 [24코]
16단: (짧은뜨기 2, 안 보이게 코줄이기 1) × 6 [18코]
17~20단: 짧은뜨기 18 [18코]

충전재를 채운다.

21단: (짧은뜨기 1, 안 보이게 코줄이기 1) × 6 [12코]
22단: 짧은뜨기 12 [12코]

꼬리실을 남기고 끊는다. 다리 끝을 납작하게 잡고 몸의 8단에 붙인다.

꼬리 실: 고동색, 노란색

1단: 고동색. 매직링에 짧은뜨기 4 [4코]
2단: 짧은뜨기 4 [4코]
3단: 코늘리기 4 [8코]

4단: 짧은뜨기 8 [8코]
5단: (짧은뜨기 1, 코늘리기 1) × 4 [12코]
6단: (짧은뜨기 2, 코늘리기 1) × 4 [16코]
7단: (짧은뜨기 2, 안 보이게 코줄이기 1) × 4 [12코]

충전재를 가볍게 채운다.

8~15단: 노란색. 짧은뜨기 12 [12코]

꼬리실을 남기고 끊는다. 몸의 뒤쪽 8단에 붙인다.

점(3개) 실: 고동색

1단: 매직링에 짧은뜨기 6 [6코]
2단: (짧은뜨기 1, 코늘리기 1) × 3 [9코]
3단: (짧은뜨기 1, 코늘리기 2) × 3 [15코]

꼬리실을 남기고 끊는다. 점을 등에 꿰멘다. 리본으로 넥타이를 만든다.

갈매기 스크류

by Crochetbykim
(Kim Bengtsson Friis)

난이도: ★

완성된 크기: 20cm

준비물:
- 실: 베이지색, 회색, 검정색, 노란색
- 코바늘 4mm
- 인형눈 8mm
- 검정색 자수실
- 돗바늘
- 마커
- 충전재

코바늘 동물인형 갤러리
www.amigurumi.com/2203
작품을 올리고 영감을 얻으세요!

머리 & 몸 실: 베이지색

1단: 매직링에 짧은뜨기 6 [6코]

2단: 코늘리기 6 [12코]

3단: (짧은뜨기 1, 코늘리기 1) × 6 [18코]

4단: (짧은뜨기 2, 코늘리기 1) × 6 [24코]

5단: (짧은뜨기 3, 코늘리기 1) × 6 [30코]

6단: (짧은뜨기 4, 코늘리기 1) × 6 [36코]

7단: (짧은뜨기 5, 코늘리기 1) × 6 [42코]

8~23단: 짧은뜨기 42 [42코]

24단: 사슬뜨기 10, 2번째 사슬코에서 시작하여 코늘리기 1, 짧은뜨기 8, 짧은뜨기 41, 사슬코의 반대쪽 고리에 짧은뜨기 8, 코늘리기 1 [61코]

인형눈을 12단과 13단 사이에 2코 간격을 두고 붙인다.

25단: 짧은뜨기 1, 코늘리기 1, 짧은뜨기 57, 코늘리기 1, 짧은뜨기 1 [63코]

26~30단: 짧은뜨기 63 [63코]

31단: 짧은뜨기 3, 안 보이게 코줄이기 2, 짧은뜨기 23, 안 보이

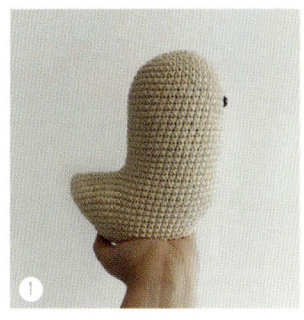

게 코줄이기 1, 짧은뜨기 27, 안 보이게 코줄이기 2 [58코]
32단: 짧은뜨기 27, 안 보이게 코줄이기 2, 짧은뜨기 27 [56코]
33단: 짧은뜨기 56 [56코]
34단: (안 보이게 코줄이기 2, 짧은뜨기 22) × 2, 안 보이게 코줄이기 2 [50코]
35단: 짧은뜨기 50 [50코]
충전재를 채운다.
36단: 안 보이게 코줄이기 1, 짧은뜨기 46, 안 보이게 코줄이기 1 [48코]
37단: (짧은뜨기 6, 안 보이게 코줄이기 1) × 6 [42코]
38단: (짧은뜨기 5, 안 보이게 코줄이기 1) × 6 [36코]
39단: (짧은뜨기 4, 안 보이게 코줄이기 1) × 6 [30코]
40단: (짧은뜨기 3, 안 보이게 코줄이기 1) × 6 [24코]
41단: (짧은뜨기 2, 안 보이게 코줄이기 1) × 6 [18코]
42단: (짧은뜨기 1, 안 보이게 코줄이기 1) × 6 [12코]
43단: 안 보이게 코줄이기 6 [6코]
꼬리실을 남기고 끊는다. 남은 코의 앞고리에 실을 통과하여 잡아당겨 조인다. 실을 정리한다.(사진 1)

부리 실: 노란색
1단: 매직링에 짧은뜨기 6 [6코]
2단: 코늘리기 6 [12코]
3~8단: 짧은뜨기 12 [12코]
꼬리실을 남기고 끊는다. 충전재를 채운다. 눈에서 1단 아래쪽에 붙인다.(사진 2) 자수실로 10단과 11단에 수놓는다.(사진 3)

날개(2개) 실: 검정색, 회색
1단: 검정색. 매직링에 짧은뜨기 6 [6코]
2단: 짧은뜨기 6 [6코]
3단: 코늘리기 6 [12코]
4단: 짧은뜨기 12 [12코]
5단: (짧은뜨기 1, 코늘리기 1) × 6 [18코]
6단: 짧은뜨기 18 [18코]
7단: 회색. (짧은뜨기 2, 코늘리기 1) × 6 [24코]
8단: 짧은뜨기 24 [24코]
9단: (짧은뜨기 3, 코늘리기 1) × 6 [30코]
10~14단: 짧은뜨기 30 [30코]
15단: (짧은뜨기 3, 안 보이게 코줄이기 1) × 6 [24코]
16단: 짧은뜨기 24 [24코]

10단: 짧은뜨기 3, 안 보이게 코줄이기 6, 짧은뜨기 3 [12코]
11~20단: 짧은뜨기 12 [12코]
꼬리실을 남기고 끊는다. 발에만 충전재를 채운다. 다리에는 충전재를 채우지 않는다.

꼬리(2개) 실: 검정색

1단: 매직링에 짧은뜨기 6 [6코]
2단: 코늘리기 6 [12코]
3단: (짧은뜨기 1, 코늘리기 1) × 6 [18코]
4단: (짧은뜨기 2, 코늘리기 1) × 6 [24코]
5단: (짧은뜨기 3, 코늘리기 1) × 6 [30코]
6단: (짧은뜨기 4, 코늘리기 1) × 6 [36코]
반을 접어 반원을 만든다. 다음 단에서 입구를 막는다.
7단: 반원을 둘러 짧은뜨기 18 [18코]
꼬리실을 남기고 끊는다.

연결하기

- 2코 간격을 두고 몸에 다리를 붙인다.(사진 4)
- 꼬리를 몸에 붙인다.(사진 5)
- 날개를 24단에 뒤로 기울여 붙인다.(사진 6)
- 머리 위에 회색실로 머리카락을 만든다.

17단: (짧은뜨기 2, 안 보이게 코줄이기 1) × 6 [18코]
18~19단: 짧은뜨기 18 [18코]
20단: (짧은뜨기 1, 안 보이게 코줄이기 1) × 6 [12코]
21~22단: 짧은뜨기 12 [12코]
꼬리실을 남기고 끊는다. 충전재를 채우지 않는다.

다리(2개) 실: 노란색

1단: 매직링에 짧은뜨기 6 [6코]
2단: 코늘리기 6 [12코]
3단: (짧은뜨기 1, 코늘리기 1) × 6 [18코]
4단: (짧은뜨기 2, 코늘리기 1) × 6 [24코]
5~8단: 짧은뜨기 24 [24코]
9단: 짧은뜨기 6, 안 보이게 코줄이기 6, 짧은뜨기 6 [18코]

무스
몬티나

by LittleAquaGirl
(Erinna Lee)

난이도: ★★
완성된 크기: 15cm

준비물:
- 실: 베이지색, 민트색, 하늘색, 연갈색
- 코바늘 2.5mm
- 인형눈 7.5mm
- 검정색 자수실
- 돗바늘
- 마커
- 충전재

코바늘 동물인형 갤러리
www.Amigurumi.com/2204
작품을 올리고 영감을 얻으세요!

머리 실: 베이지색, 민트색

1단: 베이지색. 매직링에 짧은뜨기 8 [8코]

2단: 코늘리기 8 [16코]

3단: (짧은뜨기 1, 코늘리기 1) × 8 [24코]

4단: (짧은뜨기 2, 코늘리기 1) × 8 [32코]

5단: (짧은뜨기 3, 코늘리기 1) × 8 [40코]

6단: (짧은뜨기 4, 코늘리기 1) × 8 [48코]

7단: (짧은뜨기 5, 코늘리기 1) × 8 [56코]

8~13단: 짧은뜨기 56 [56코]

14단: 짧은뜨기 13, 안 보이게 코줄이기 1, 마커 걸기, 짧은뜨기 26, 안 보이게 코줄이기 1, 마커 걸기, 짧은뜨기 13 [54코]
14단에서 표시한 마커는 머리의 옆면 표시이다.

15단: 짧은뜨기 54 [54코]

16단: 짧은뜨기 13, 안 보이게 코줄이기 1, 짧은뜨기 25, 안 보이게 코줄이기 1, 짧은뜨기 12 [52코]

17단: 짧은뜨기 12, 안 보이게 코줄이기 1, 짧은뜨기 24, 안 보이

게 코줄이기 1, 짧은뜨기 12 [50코]
18단: 짧은뜨기 12, 안 보이게 코줄이기 1, 짧은뜨기 23, 안 보이게 코줄이기 1, 짧은뜨기 11 [48코]
19단: 민트색. (짧은뜨기 11, 코늘리기 1) × 4 [52코]
20단: (짧은뜨기 12, 코늘리기 1) × 4 [56코]
21단: 짧은뜨기 14, (짧은뜨기 6, 코늘리기 1) × 4, 짧은뜨기 14 [60코]
22단: 짧은뜨기 6, 코늘리기 1, 짧은뜨기 7, (짧은뜨기 7, 코늘리기 1) × 5, 짧은뜨기 6 [66코]
23단: (짧은뜨기 10, 코늘리기 1) × 6 [72코]
24~30단: 짧은뜨기 72 [72코]
14단에 표시해 둔 코를 가이드로 사용하여 19~20단 사이에 5코 간격을 두고 인형눈을 붙인다. 자수실로 21단 대각선 위에 눈썹을 수놓는다. 약 3코 정도의 길이로 한다.

31단: (짧은뜨기 10, 안 보이게 코줄이기 1) × 6 [66코]
32단: (짧은뜨기 9, 안 보이게 코줄이기 1) × 6 [60코]
33단: (짧은뜨기 8, 안 보이게 코줄이기 1) × 6 [54코]
34단: (짧은뜨기 7, 안 보이게 코줄이기 1) × 6 [48코]
35단: 짧은뜨기 48 [48코]
36단: (짧은뜨기 6, 안 보이게 코줄이기 1) × 6 [42코]
37단: (짧은뜨기 5, 안 보이게 코줄이기 1) × 6 [36코]
38단: (짧은뜨기 4, 안 보이게 코줄이기 1) × 6 [30코]
39단: (짧은뜨기 3, 안 보이게 코줄이기 1) × 6 [24코]
충전재를 채운다.
40단: (짧은뜨기 2, 안 보이게 코줄이기 1) × 6 [18코]
41단: (짧은뜨기 1, 안 보이게 코줄이기 1) × 6 [12코]
42단: 안 보이게 코줄이기 6 [6코]
빼뜨기한 후 꼬리실을 남기고 끊는다. 남은 코의 앞고리에 실을 통과하여 잡아당겨 조인다. 실을 정리한다.

큰 뿔(2개) 실: 베이지색

1단: 매직링에 짧은뜨기 6 [6코]
2단: 코늘리기 6 [12코]
3단: (짧은뜨기 1, 코늘리기 1) × 6 [18코]
4단: (짧은뜨기 2, 코늘리기 1) × 6 [24코]
5단: (짧은뜨기 3, 코늘리기 1) × 6 [30코]
6~10단: 짧은뜨기 30 [30코]
11단: 짧은뜨기 10, 안 보이게 코줄이기 1, 짧은뜨기 2, 안 보이게 코줄이기 1(마커 걸기, 여기가 뿔의 꼭대기이다), 짧은뜨기 2, 안 보이게 코줄이기 1, 짧은뜨기 10 [27코]
12단: 짧은뜨기 11, 안 보이게 코줄이기 1, 짧은뜨기 1, 안 보이게 코줄이기 1, 짧은뜨기 11 [25코]
13단: 짧은뜨기 7, (안 보이게 코줄이기 1, 짧은뜨기 1) × 4, 짧은뜨기 6 [21코]
충전재를 채운다.
14단: 짧은뜨기 7, (안 보이게 코줄이기 1, 짧은뜨기 1) × 3, 짧은뜨기 5 [18코]
15단: 짧은뜨기 18 [18코]
16단: 짧은뜨기 7, (안 보이게 코줄이기 1, 짧은뜨기 1) × 2, 짧은뜨기 5 [16코]
17~31단: 짧은뜨기 16 [16코]
빼뜨기한 후 꼬리실을 남기고 끊는다.

중간 뿔(2개) 실: 베이지색

1단: 매직링에 짧은뜨기 6 [6코]
2단: 코늘리기 6 [12코]
3단: 짧은뜨기 12 [12코]
4단: (짧은뜨기 5, 코늘리기 1) × 2 [14코]
5~8단: 짧은뜨기 14 [14코]
빼뜨기한 후 꼬리실을 남기고 끊는다. 충전재를 채운다.

작은 뿔(2개) 실: 베이지색

1단: 매직링에 짧은뜨기 6 [6코]
2단: 코늘리기 6 [12코]
3~7단: 짧은뜨기 12 [12코]

빼뜨기한 후 꼬리실을 남기고 끊는다. 충전재를 채운다.

연결하기

- 중간 뿔을 큰 뿔의 17~22단에 꿰맨다. 표시해 둔 곳이 뿔의 윗면이다.(사진 1)
- 작은 뿔을 큰 뿔의 25~29단에 꿰맨다.(사진 1)
- 큰 뿔을 머리 옆쪽 29~33단에 20코 정도의 간격을 두어 붙인다.

안쪽 귀(2개) 실: 연갈색

1단: 매직링에 짧은뜨기 6 [6코]
2단: 코늘리기 6 [12코]
3단: (짧은뜨기 1, 코늘리기 1) × 6 [18코]
4단: (짧은뜨기 2, 코늘리기 1) × 6 [24코]

5단: (짧은뜨기 3, 코늘리기 1) × 6 [30코]
6단: (짧은뜨기 4, 코늘리기 1) × 6 [36코]
7단: (짧은뜨기 5, 코늘리기 1) × 6 [42코]
빼뜨기한 후 실을 끊고 정리한다.

바깥 귀(2개) 실: 민트색
1단: 매직링에 짧은뜨기 6 [6코]
2단: 코늘리기 6 [12코]
3단: (짧은뜨기 1, 코늘리기 1) × 6 [18코]
4단: (짧은뜨기 2, 코늘리기 1) × 6 [24코]
5단: (짧은뜨기 3, 코늘리기 1) × 6 [30코]
6단: (짧은뜨기 4, 코늘리기 1) × 6 [36코]
7단: (짧은뜨기 5, 코늘리기 1) × 6 [42코]
실을 끊지 않고 다음 단에서 귀를 연결한다. 바깥 귀와 안쪽 귀를 포개어 놓고(사진 2) 바깥쪽 귀에서 시작한다.
8단: 사슬뜨기 1, 짧은뜨기 42 [42코]
귀를 반으로 접고 다음 단에서 두 겹을 꿰매어 닫는다.
9단: 짧은뜨기 2, 빼뜨기 [3코](사진 3)
꼬리실을 남기고 끊는다.

몸 실: 민트색
1단: 매직링에 짧은뜨기 6 [6코]
2단: 코늘리기 6 [12코]
3단: (짧은뜨기 1, 코늘리기 1) × 6 [18코]
4단: (짧은뜨기 2, 코늘리기 1) × 6 [24코]
5단: (짧은뜨기 3, 코늘리기 1) × 6 [30코]
6단: (짧은뜨기 4, 코늘리기 1) × 6 [36코]
7단: (짧은뜨기 5, 코늘리기 1) × 6 [42코]
8단: (짧은뜨기 6, 코늘리기 1) × 6 [48코]
9단: (짧은뜨기 7, 코늘리기 1) × 6 [54코]
10단: (짧은뜨기 8, 코늘리기 1) × 6 [60코]
11단: (짧은뜨기 9, 코늘리기 1) × 6 [66코]
12단: (짧은뜨기 10, 코늘리기 1) × 6 [72코]
13~18단: 짧은뜨기 72 [72코]

19단: (짧은뜨기 16, 안 보이게 코줄이기 1) × 4 [68코]
20단: 짧은뜨기 68 [68코]
21단: (짧은뜨기 15, 안 보이게 코줄이기 1) × 4 [64코]
22단: 짧은뜨기 64 [64코]
23단: (짧은뜨기 14, 안 보이게 코줄이기 1) × 4 [60코]
24단: 짧은뜨기 60 [60코]
25단: (짧은뜨기 13, 안 보이게 코줄이기 1) × 4 [56코]
26단: (짧은뜨기 12, 안 보이게 코줄이기 1) × 4 [52코]
27단: (짧은뜨기 11, 안 보이게 코줄이기 1) × 4 [48코]
28단: (짧은뜨기 10, 안 보이게 코줄이기 1) × 4 [44코]
29단: (짧은뜨기 9, 안 보이게 코줄이기 1) × 4 [40코]
30단: 짧은뜨기 40 [40코]
31단: (짧은뜨기 8, 안 보이게 코줄이기 1) × 4 [36코]
32단: 짧은뜨기 36 [36코]
33단: (짧은뜨기 7, 안 보이게 코줄이기 1) × 4 [32코]

34단: 짧은뜨기 32 [32코]
35단: (짧은뜨기 6, 안 보이게 코줄이기 1) × 4 [28코]
36단: 짧은뜨기 28 [28코]
빼뜨기한 후 꼬리실을 남기고 끊는다. 충전재를 채운다.

팔(2개) 실: 베이지색, 민트색
1단: 매직링에 짧은뜨기 6 [6코]
2단: 코늘리기 6 [12코]
3단: (짧은뜨기 1, 코늘리기 1) × 6 [18코]
4단: (짧은뜨기 2, 코늘리기 1) × 6 [24코]
5~8단: 짧은뜨기 24 [24코]
9단: 안 보이게 코줄이기 2, 짧은뜨기 16, 안 보이게 코줄이기 2 [20코]
10단: 안 보이게 코줄이기 1, 짧은뜨기 16, 안 보이게 코줄이기 1 [18코]
11단: 짧은뜨기 1, 안 보이게 코줄이기 1, 짧은뜨기 13, 안 보이게 코줄이기 1 [16코]
12단: 짧은뜨기 1, 안 보이게 코줄이기 1, 짧은뜨기 11, 안 보이게 코줄이기 1 [14코]
13~30단: 민트색. 짧은뜨기 14 [14코]
충전재를 단단히 채운다. 팔의 나머지 부분은 가볍게 채운다.
31단: 짧은뜨기 9 [9코]
뜨지 않은 코는 남겨둔다. 팔의 끝부분을 납작하게 잡고 다음 단에서 두 겹을 꿰매어 닫는다.
32단: 짧은뜨기 7 [7코]
꼬리실을 남기고 끊는다.

다리(2개) 실: 베이지색, 민트색
1단: 베이지색. 매직링에 짧은뜨기 6 [6코]
2단: 코늘리기 6 [12코]
3단: (짧은뜨기 1, 코늘리기 1) × 6 [18코]
4단: (짧은뜨기 2, 코늘리기 1) × 6 [24코]
5단: (짧은뜨기 3, 코늘리기 1) × 6 [30코]
6~10단: 짧은뜨기 30 [30코]
11단: 짧은뜨기 9, (안 보이게 코줄이기 1, 짧은뜨기 1) × 4, 짧은뜨기 9 [26코]
12단: 짧은뜨기 7, (안 보이게 코줄이기 1, 짧은뜨기 1) × 4, 짧은뜨기 7 [22코]
13단: 짧은뜨기 8, (안 보이게 코줄이기 1, 짧은뜨기 1) × 2, 짧은뜨기 8 [20코]
14단: 짧은뜨기 20 [20코]
15~22단: 민트색. 짧은뜨기 20 [20코]
23단: 짧은뜨기 11, 코늘리기 2, 짧은뜨기 7 [22코]
24단: 짧은뜨기 11, 코늘리기 1, 짧은뜨기 2, 코늘리기 1, 짧은뜨기 7 [24코]
25~26단: 짧은뜨기 24 [24코]
충전재를 채운다.
27단: (짧은뜨기 2, 안 보이게 코줄이기 1) × 6 [18코]
28단: (짧은뜨기 1, 안 보이게 코줄이기 1) × 6 [12코]
29단: 안 보이게 코줄이기 6 [6코]
빼뜨기한 후 꼬리실을 남기고 끊는다. 남은 코의 앞고리에 실을 통과하여 잡아당겨 조인다. 실을 정리한다. 21~22단 사이로 꼬리실을 빼낸다.(사진 4)

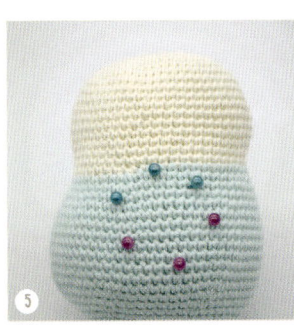

꼬리 실: 민트색

1단: 매직링에 짧은뜨기 4 [4코]
2단: (짧은뜨기 1, 코늘리기 1) × 2 [6코]
3단: (짧은뜨기 1, 코늘리기 1) × 3 [9코]
4단: (짧은뜨기 2, 코늘리기 1) × 3 [12코]
5단: 짧은뜨기 12 [12코]
6단: (짧은뜨기 1, 코늘리기 1) × 6 [18코]
7~8단: 짧은뜨기 18 [18코]
9단: (짧은뜨기 4, 안 보이게 코줄이기 1) × 3 [15코]
10단: 짧은뜨기 15 [15코]
11단: (짧은뜨기 3, 안 보이게 코줄이기 1) × 3 [12코]
12단: 짧은뜨기 12 [12코]
13단: (짧은뜨기 2, 안 보이게 코줄이기 1) × 3 [9코]
꼬리의 끝부분을 납작하게 잡고 다음 단에서 두 겹을 꿰매어 막는다. 충전재를 채우지 않는다.
14단: 짧은뜨기 4 [4코]
꼬리실을 남기고 끊는다.

나비넥타이 실: 하늘색

길게 꼬리실을 남기고 시작한다.
1단: 사슬뜨기 55, 2번째 사슬코에서 시작하여 짧은뜨기 54, 사슬뜨기 1, 뒤집기 [54코]
2~9단: 짧은뜨기 54, 사슬뜨기 1, 뒤집기 [54코]
10단: 짧은뜨기 54 [54코]
꼬리실을 남기고 끊는다.

나비넥타이 중심 실: 하늘색

길게 꼬리실을 남기고 시작한다.
1단: 사슬뜨기 11, 2번째 사슬코에서 시작하여 짧은뜨기 10, 사슬뜨기 1, 뒤집기 [10코]
2단: 짧은뜨기 10, 사슬뜨기 1, 뒤집기 [10코]
3단: 짧은뜨기 10 [10코]
꼬리실을 남기고 끊는다.

연결하기

- 머리를 몸에 붙인다. 약간 기울여 달면 귀여운 모습이 된다. 몸통의 입구가 머리의 20~28단 위로 오도록 한다.(사진 5)
- 몸의 35단과 36단 사이에 팔을 붙인다. 팔은 손이 안쪽으로 약간 구부러진 상태에서 앞쪽에 8코 간격을 둔다.
- 머리의 26~29단에 귀의 평평한 쪽을 꿰맨다.(사진 6) 귀의 앞쪽 모서리가 23코 간격이 되도록 한다.
- 다리를 몸 양쪽 옆에 꿰맨다. 다리의 꼭대기 곡선 부분을 붙이고, 다리 안쪽을 몇 땀 꿰매어 고정한다. 허벅지 위쪽은 몸의 16~17단 사이에 있도록 한다. 다리 뒤쪽은 몸의 중앙선 뒤에 있어야 한다.(사진 7)
- 몸의 뒤쪽 13~14단 사이 다리 사이에 꼬리의 평평한 솔기를 꿰맨다.(사진 7)
- 나비넥타이의 짧은 쪽 가장자리를 꿰맨다.
- 나비넥타이의 가운데를 중심 조각으로 덮고 뒷면에서 꿰맨다. 빠지지 않도록 몇 땀을 떠서 고정한다. 머리 아래 몸에 붙인다.

햄스터 해미시

by Moji-Moji Design (Janine Holmes)

난이도: ★★★
완성된 크기: 13cm

준비물:
- 실: 연갈색, 흰색, 연분홍색, 빨간색(조금), 초록색(조금), 검정색(조금)
- 코바늘 3mm
- 인형눈 12mm
- 인형코 15mm
- 돗바늘
- 마커
- 충전재

코바늘 동물인형 갤러리
www.Amigurumi.com/2207
작품을 올리고 영감을 얻으세요!

얼굴
2개의 볼을 만들고 시작한다.

볼 (2개) 실: 흰색
1단: 매직링에 짧은뜨기 6 [6코]
2단: 코늘리기 6 [12코]
3단: (짧은뜨기 1, 코늘리기 1) × 6 [18코]
첫 번째 볼은 실을 끊고 정리한다. 두 번째 볼은 실을 끊지 않고 다음 단에서 연결한다.
4단: 사슬뜨기 5, 첫 번째 볼에 짧은뜨기 18, 사슬코에 뒷고리 이랑뜨기로 짧은뜨기 5, 두 번째 볼에 짧은뜨기 18, 사슬코의 반대쪽 고리에 짧은뜨기 5 [46코] (사진 1-7)
5단: 짧은뜨기 46 [46코] (사진 8-9)

꼬리실을 남기고 끊는다.

머리 실: 연갈색

1단: 매직링에 짧은뜨기 6 [6코]
2단: 코늘리기 6 [12코]
3단: (짧은뜨기 1, 코늘리기 1) × 6 [18코]
4단: (짧은뜨기 2, 코늘리기 1) × 6 [24코]
5단: (짧은뜨기 3, 코늘리기 1) × 6 [30코]
6단: (짧은뜨기 4, 코늘리기 1) × 6 [36코]
7단: (짧은뜨기 5, 코늘리기 1) × 6 [42코]
8~14단: 짧은뜨기 42 [42코]
8단과 9단 사이에 7코의 간격을 두고 인형눈을 붙인다.
15단: (짧은뜨기 5, 안 보이게 코줄이기 1) × 6 [36코]
16단: (짧은뜨기 4, 안 보이게 코줄이기 1) × 6 [30코]
인형코를 머리의 11~12단 사이, 눈 아래 중앙에 붙인다. 가장자리는 꿰매지 않는다.(사진 10)

17단: (짧은뜨기 3, 안 보이게 코줄이기 1) × 6 [24코]
18단: (짧은뜨기 2, 안 보이게 코줄이기 1) × 6 [18코]
충전재를 채운다.
19단: (짧은뜨기 1, 안 보이게 코줄이기 1) × 6 [12코]
20단: 안 보이게 코줄이기 6 [6코]
꼬리실을 남기고 끊는다. 남은 코의 앞고리에 실을 통과하여 잡아당겨 조인다. 실을 정리한다. 각 볼에 충전재를 조금 채운다. 가장자리를 꿰매고, 마무리 직전에 충전재를 추가한다.(사진 11-12)

턱 실: 흰색
1단: 매직링에 짧은뜨기 6 [6코]
2단: 코늘리기 6 [12코]
꼬리실을 남기고 끊는다. 볼 사이 아래쪽에 붙인다.(사진 13)

몸 실: 연갈색
1단: 매직링에 짧은뜨기 6 [6코]
2단: 코늘리기 6 [12코]
3단: (짧은뜨기 1, 코늘리기 1) × 6 [18코]
4단: (짧은뜨기 2, 코늘리기 1) × 6 [24코]
5단: (짧은뜨기 3, 코늘리기 1) × 6 [30코]
6단: (짧은뜨기 4, 코늘리기 1) × 6 [36코]
7단: (짧은뜨기 5, 코늘리기 1) × 6 [42코]
8단: (짧은뜨기 6, 코늘리기 1) × 6 [48코]
9~11단: 짧은뜨기 48 [48코]
12단: (짧은뜨기 6, 안 보이게 코줄이기 1) × 6 [42코]
13~15단: 짧은뜨기 42 [42코]
16단: (짧은뜨기 5, 안 보이게 코줄이기 1) × 6 [36코]
17~18단: 짧은뜨기 36 [36코]
꼬리실을 남기고 끊는다. 충전재를 채운다. 머리의 15~16단 사이에 붙인다.(사진 14)

귀(연분홍색 2개, 연갈색 2개)
1단: 매직링에 짧은뜨기 6 [6코]
2단: 코늘리기 6 [12코]
연분홍색 귀는 실을 끊고 마무리한다. 연갈색 귀는 실을 끊지 않는다.(사진 15) 연갈색 귀 안에 연분홍색 귀를 올린다. 다음 단에서 두 겹을 꿰매어 연결한다.
3단: 사슬뜨기 1, 짧은뜨기 12 [12코](사진 16-18)
빼뜨기한 후 꼬리실을 남기고 끊는다. 꼬리실로 귀의 아랫부분을 꼬집듯 꿰맨다.(사진 19) 머리 위쪽에 5~6단에 붙인다.(사진 20)

팔(2개) 실: 연분홍색, 연갈색
1단: 연분홍색. 매직링에 짧은뜨기 6 [6코]

2단: 연갈색. 짧은뜨기 6 [6코]

3단: (짧은뜨기 1, 코늘리기 1) × 3 [9코]

4단: (짧은뜨기 2, 코늘리기 1) × 3 [12코]

5~7단: 짧은뜨기 12 [12코]

8단: (짧은뜨기 3, 코늘리기 1) × 3 [15코]

9~11단: 짧은뜨기 15 [15코]

12단: (짧은뜨기 3, 안 보이게 코줄이기 1) × 3 [12코]
충전재를 채운다.

13단: 안 보이게 코줄이기 6 [6코]
꼬리실을 남기고 끊는다. 남은 코의 앞고리에 실을 통과하여 잡아당겨 조인다. 몸의 양쪽 옆, 목 연결 지점에 팔의 13단을 꿰맨다.(사진 21)

손(2개) 실: 연분홍색

1단: 사슬뜨기 3, 2번째 사슬코에서 시작하여 빼뜨기 2, (사슬뜨기 3, 2번째 사슬코에 빼뜨기, 다음 코에 빼뜨기) × 5 [6코]
꼬리실을 남기고 끊는다. 손을 반으로 접고 손가락을 정렬하여 가장자리를 꿰맨다.(사진 22) 손바닥을 팔에 붙인다.(사진 23)

배 실: 흰색

1단: 사슬뜨기 11, 2번째 사슬코에서 시작하여 짧은뜨기 10, 사슬뜨기 1, 뒤집기 [10코]

2단: 짧은뜨기 10, 사슬뜨기 1, 뒤집기 [10코]

3단: 코늘리기 1, 짧은뜨기 8, 코늘리기 1, 사슬뜨기 1, 뒤집기 [12코]

4~5단: 짧은뜨기 12, 사슬뜨기 1, 뒤집기 [12코]
6단: 코늘리기 1, 짧은뜨기 10, 코늘리기 1, 사슬뜨기 1, 뒤집기 [14코]
7~9단: 짧은뜨기 14, 사슬뜨기 1, 뒤집기 [14코]
10단: 건너뛰기 1, 짧은뜨기 11, 건너뛰기 1, 짧은뜨기 1, 사슬뜨기 1, 뒤집기 [12코]
11단: 건너뛰기 1, 짧은뜨기 9, 건너뛰기 1, 짧은뜨기 1, 사슬뜨기 1, 뒤집기 [10코]
12단: 건너뛰기 1, 짧은뜨기 7, 건너뛰기 1, 짧은뜨기 1, 사슬뜨기 1, 뒤집기 [8코]
13단: 건너뛰기 1, 짧은뜨기 5, 건너뛰기 1, 짧은뜨기 1 [6코]
꼬리실을 남기고 끊는다. 배의 1단을 턱 바로 아래 몸에 오도록 하고 가장자리를 꿰맨다.(사진 24-26)

엉덩이(2개) 실: 연갈색
1단: 매직링에 짧은뜨기 6 [6코]
2단: 코늘리기 6 [12코]
3단: (짧은뜨기 1, 코늘리기 1) × 6 [18코]
4단: (짧은뜨기 2, 코늘리기 1) × 6 [24코]
5~6단: 짧은뜨기 24 [24코]
꼬리실을 남기고 끊는다. 충전재를 가볍게 채운다. 몸의 6~14단에 배와 살짝 겹치도록 한다. 엉덩이와 몸에 번갈아가며 땀을 뜨고(사진 27-29), 마무리하기 전에 충전재를 더 채운다.

발(4개) 실: 연분홍색
1단: 매직링에 짧은뜨기 6 [6코]
2단: (짧은뜨기 1, 사슬뜨기 3, 2번째 사슬코에서 시작하여 빼뜨기 2) × 3, 다음 코에 빼뜨기 [발가락 3개]
뜨지 않은 코는 남겨둔다. 발 2개는 실을 끊고 정리한다. 나머지 2개는 꼬리실을 남기고 끊는다. 2개씩 겹쳐 꼬리실로 가장자리를 연결한다.(사진 30) 발의 윗부분을 엉덩이 아랫 부분에 발이 앞쪽으로 보이도록 붙인다.(사진 31)

꼬리 실: 연분홍색, 연갈색
1단: 연분홍색. 매직링에 짧은뜨기 3 [3코]
2단: 코늘리기 3 [6코]
3단: 연갈색. 짧은뜨기 6 [6코]
4단: (짧은뜨기 1, 코늘리기 1) × 3 [9코]
5단: 짧은뜨기 9 [9코]
꼬리실을 남기고 끊는다. 충전재를 채운다. 등의 아랫부분 7~8단에 붙인다.(사진 32)

마무리하기

턱 밑에서 코 아랫부분까지 세로선을 수놓는다. 원하는 위치에 팔을 고정해도 좋다. 딸기를 만들어 손바닥 위에 꿰매도 좋다.

딸기 실: 빨간색

1단: 매직링에 짧은뜨기 3 [3코]
2단: 코늘리기 3 [6코]
3단: (짧은뜨기 1, 코늘리기 1) × 3 [9코]
4단: (짧은뜨기 2, 코늘리기 1) × 3 [12코]
5단: (짧은뜨기 3, 코늘리기 1) × 3 [15코]
6단: (짧은뜨기 4, 코늘리기 1) × 3 [18코]
7단: 짧은뜨기 18 [18코]
8단: (짧은뜨기 1, 안 보이게 코줄이기 1) × 6 [12코]
충전재를 채운다.
9단: 안 보이게 코줄이기 6 [6코]
꼬리실을 남기고 끊는다. 남은 코의 앞고리에 실을 통과하여 잡아당겨 조인다.

잎 실: 초록색

1단: 사슬뜨기 4, 2번째 사슬코에서 시작하여 빼뜨기 3 (마지막 코에 마커 걸기), (사슬뜨기 3, 2번째 사슬코에서 시작하여 빼뜨기 2, 표시한 코에 빼뜨기) × 4 [잎 5개]
꼬리실을 남기고 끊는다. 잎을 딸기 꼭대기에 꿰맨다. 흰색실로 딸기의 씨앗을 수놓는다.

백조 안나 & 피터

by Pica Pau (Yan Schenkel)

난이도: ★★★
완성된 단: 안나 24cm, 피터 16cm

준비물:
- 안나
  • 흰색, 검정색 (조금) 노란색 (조금)
  • 인형눈 8mm

- 피터
  • 실: 베이시색, 진회색(조금) 분홍색 (조금)
  • 인형눈 10mm
  • 코바늘 3mm
  • 돗바늘
  • 마커
  • 충전재

코바늘 동물인형 갤러리
www.amigurumi.com/3001
작품을 올리고 영감을 얻으세요!

엄마 백조 안나

부리 실: 노란색

1단: 매직링에 짧은뜨기 5 [5코]
2단: 짧은뜨기 5 [5코]
3단: 코늘리기 5 [10코]
4단: 짧은뜨기 10 [10코]
5단: 짧은뜨기 9, 코늘리기 1 [11코]
6단: 짧은뜨기 10, 코늘리기 1 [12코]
7단: 짧은뜨기 11, 코늘리기 1 [13코]
8단: 짧은뜨기 12, 코늘리기 1 [14코]
9단: 짧은뜨기 13, 코늘리기 1 [15코]

10단: 짧은뜨기 15 [15코]

꼬리실을 남기고 끊는다. 충전재를 채운다.

검은 원 실: 검정색

1단: 매직링에 짧은뜨기 6 [6코]

2단: 코늘리기 6 [12코]

3단: (짧은뜨기 1, 코늘리기 1) × 6 [18코]

4단: (짧은뜨기 2, 코늘리기 1) × 6 [24코]

5단: 짧은뜨기 24 [24코]

꼬리실을 남기고 끊는다.

머리 & 몸 실: 흰색

1단: 매직링에 짧은뜨기 6 [6코]

2단: 코늘리기 6 [12코]

3단: (짧은뜨기 1, 코늘리기 1) × 6 [18코]

4단: (짧은뜨기 2, 코늘리기 1) × 6 [24코]

5단: (짧은뜨기 3, 코늘리기 1) × 6 [30코]

6단: (짧은뜨기 4, 코늘리기 1) × 6 [36코]

7단: (짧은뜨기 5, 코늘리기 1) × 6 [42코]

8단: (짧은뜨기 6, 코늘리기 1) × 6 [48코]

9단: (짧은뜨기 7, 코늘리기 1) × 6 [54코]

10~16단: 짧은뜨기 54 [54코]

17단: (짧은뜨기 7, 안 보이게 코줄이기 1) × 6 [48코]

18단: (짧은뜨기 6, 안 보이게 코줄이기 1) × 6 [42코]

19단: (짧은뜨기 5, 안 보이게 코줄이기 1) × 6 [36코]

20단: (짧은뜨기 4, 안 보이게 코줄이기 1) × 6 [30코]

21단: (짧은뜨기 3, 안 보이게 코줄이기 1) × 6 [24코]

22단: (짧은뜨기 2, 안 보이게 코줄이기 1) × 6 [18코]

23~32단: 짧은뜨기 18 [18코]

33단: 짧은뜨기 8, 코늘리기 2, 짧은뜨기 8 [20코]

34~35단: 짧은뜨기 20 [20코]

36단: 짧은뜨기 9, 코늘리기 1, 짧은뜨기 1, 코늘리기 1, 짧은뜨기 8 [22코]

37~38단: 짧은뜨기 22 [22코]

39단: 안 보이게 코줄이기 1, 짧은뜨기 8, 코늘리기 4, 짧은뜨기 6, 안 보이게 코줄이기 1 [24코]

①

40~41단: 짧은뜨기 24 [24코]

42단: 사슬뜨기 19 (몸 시작 부분), 다음 코에 마커 걸기 (다음 단 시작 코)(사진 1) 2번째 사슬코에서 시작하여 코늘리기 1, 짧은뜨기 17, 목 부분에 계속해서 짧은뜨기 24, 사슬코의 반대쪽 고리에 짧은뜨기 17, 코늘리기 1 [62코]

43단: 코늘리기 2, 짧은뜨기 27, 코늘리기 1, 짧은뜨기 3, 코늘리기 1, 짧은뜨기 26, 코늘리기 2 [68코]

머리의 12~21단에 부리의 검은 원을 붙인다. 노란색 부리를 그 위에 꿰맨다. 마무리하기 전에 충전재를 더 채운다. 부리에서 5코 간격을 두고 14~15단에 인형눈을 붙인다. 충전재를 단단하게 채운다.

44단: 코늘리기 3, 짧은뜨기 62, 코늘리기 3 [74코]

45단: 짧은뜨기 74 [74코]

46단: 짧은뜨기 35, 코늘리기 1, 짧은뜨기 4, 코늘리기 1, 짧은뜨기 33 [76코]

47~48단: 짧은뜨기 76 [76코]

49단: 짧은뜨기 4, 안 보이게 코줄이기 1, 짧은뜨기 30, 코늘리기 1, 짧은뜨기 5, 코늘리기 1, 짧은뜨기 28, 안 보이게 코줄이기 1, 짧은뜨기 3 [76코]

50단: 짧은뜨기 76 [76코]

51단: 짧은뜨기 4, 안 보이게 코줄이기 1, 짧은뜨기 30, 코늘리기 1, 짧은뜨기 6, 코늘리기 1, 짧은뜨기 27, 안 보이게 코줄이기 1, 짧은뜨기 3 [76코]

52단: 짧은뜨기 76 [76코]

53단: 짧은뜨기 4, 안 보이게 코줄이기 1 , 짧은뜨기 30, 코늘리

기 1, 짧은뜨기 7, 코늘리기 1, 짧은뜨기 26, 안 보이게 코줄이기 1, 짧은뜨기 3 [76코]

54단: 짧은뜨기 34, 안 보이게 코줄이기 1, 짧은뜨기 9, 안 보이게 코줄이기 1, 짧은뜨기 29 [74코]

55단: 짧은뜨기 4, 안 보이게 코줄이기 1, 짧은뜨기 27, 안 보이게 코줄이기 1, 짧은뜨기 9, 안 보이게 코줄이기 1, 짧은뜨기 23, 안 보이게 코줄이기 1, 짧은뜨기 3 [70코]

56단: 짧은뜨기 31, 안 보이게 코줄이기 1, 짧은뜨기 9, 안 보이게 코줄이기 1, 짧은뜨기 26 [68코]

57단: 짧은뜨기 4, 안 보이게 코줄이기 1, 짧은뜨기 24, 안 보이게 코줄이기 1, 짧은뜨기 9, 안 보이게 코줄이기 1, 짧은뜨기 20, 안 보이게 코줄이기 1, 짧은뜨기 3 [64코]

58단: 짧은뜨기 4, 안 보이게 코줄이기 1, 짧은뜨기 22, 안 보이게 코줄이기 1, 짧은뜨기 9, 안 보이게 코줄이기 1, 짧은뜨기 18, 안 보이게 코줄이기 1, 짧은뜨기 3 [60코]

59단: 뒷고리 이랑뜨기로 (짧은뜨기 8, 안 보이게 코줄이기 1) × 6 [54코]

60단: (짧은뜨기 7, 안 보이게 코줄이기 1) × 6 [48코]

61단: (짧은뜨기 6, 안 보이게 코줄이기 1) × 6 [42코]

62단: (짧은뜨기 5, 안 보이게 코줄이기 1) × 6 [36코]

63단: (짧은뜨기 4, 안 보이게 코줄이기 1) × 6 [30코]

64단: (짧은뜨기 3, 안 보이게 코줄이기 1) × 6 [24코]

충전재를 채운다.

65단: (짧은뜨기 2, 안 보이게 코줄이기 1) × 6 [18코]

66단: (짧은뜨기 1, 안 보이게 코줄이기 1) × 6 [12코]

67단: 안 보이게 코줄이기 6 [6코]

실을 끊고, 남은 코의 앞고리에 통과하여 잡아당겨 조인다. 남은 실로 몸 아랫부분에서 뒤까지 꿰매어 공처럼 부풀지 않도록 하면 백조가 더 잘 앉아있는 모양이 된다.

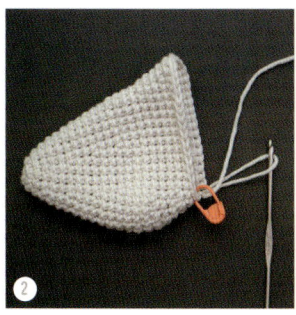   

날개(2개) 실: 흰색

1단: 매직링에 짧은뜨기 6 [6코]
2단: 코늘리기 6 [12코]
3단: 짧은뜨기 12 [12코]
4단: (짧은뜨기 1, 코늘리기 1) × 6 [18코]
5~6단: 짧은뜨기 18 [18코]
7단: (짧은뜨기 2, 코늘리기 1) × 6 [24코]
8~9단: 짧은뜨기 24 [24코]
10단: (짧은뜨기 3, 코늘리기 1) × 6 [30코]
11~12단: 짧은뜨기 30 [30코]
13단: (짧은뜨기 4, 코늘리기 1) × 6 [36코]
14~16단: 짧은뜨기 36 [36코]
17단: 안 보이게 코줄이기 2, 짧은뜨기 12, 코늘리기 4, 짧은뜨기 12, 안 보이게 코줄이기 2 [36코]
18~19단: 짧은뜨기 36 [36코]
20단: 안 보이게 코줄이기 2, 짧은뜨기 12, 코늘리기 4, 짧은뜨기 12, 안 보이게 코줄이기 2 [36코]
21단: 짧은뜨기 36 [36코] (사진 2)
21단의 32번째 코에 마커 걸기(깃털 3개로 나뉘는 지점)
작은 깃털은 10코, 중간 깃털은 12코, 큰 깃털은 14코를 사용하여 뜬다.

작은 깃털

짧은뜨기 5, 건너뛰기 26, 표시해 둔 32번째 코에서 시작하여 작은 원을 만든다. (사진 3)

1단: 코늘리기 1, 짧은뜨기 3, 안 보이게 코줄이기 1, 짧은뜨기 4 [10코]
2단: 코늘리기 1, 짧은뜨기 4, 안 보이게 코줄이기 1, 짧은뜨기 3 [10코]
3단: 짧은뜨기 1, 코늘리기 1, 짧은뜨기 3, 안 보이게 코줄이기 1, 짧은뜨기 3 [10코]
4단: 짧은뜨기 2, 코늘리기 1, 짧은뜨기 3, 안 보이게 코줄이기 1, 짧은뜨기 2 [10코] (사진 4)
5단: (안 보이게 코줄이기 1, 짧은뜨기 1) × 3, 짧은뜨기 1 [7코]
6단: (안 보이게 코줄이기 1, 짧은뜨기 1) × 2, 짧은뜨기 1 [5코]
실을 끊고 남은 코의 앞고리에 실을 통과하여 잡아당겨 조인다. 실을 정리한다.

중간 깃털

기본 날개의 왼쪽, 바로 다음 코에서 시작한다. (사진 5)
짧은뜨기 6 (사진 6), 건너뛰기 14, 작은 깃털의 오른쪽 6번째 코에서 시작하여 작은 원을 만든다.

2단: 코늘리기 1, 짧은뜨기 4, 안 보이게 코줄이기 1, 짧은뜨기 5 [12코] (사진 7)
3단: 코늘리기 1, 짧은뜨기 5, 안 보이게 코줄이기 1, 짧은뜨기 4 [12코]
4단: 짧은뜨기 1, 코늘리기 1, 짧은뜨기 4, 안 보이게 코줄이기 1, 짧은뜨기 4 [12코]
5단: 짧은뜨기 1, 코늘리기 1, 짧은뜨기 5, 안 보이게 코줄이기 1, 짧은뜨기 3 [12코]

   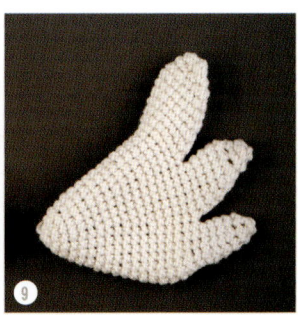

6단: (안 보이게 코줄이기 1, 짧은뜨기 1) × 4 [8코]
7단: 짧은뜨기 1, 코늘리기 1, 짧은뜨기 3, 안 보이게 코줄이기 1, 짧은뜨기 1 [8코]
8단: 안 보이게 코줄이기 4 [4코]
실을 끊고 남은 코의 앞고리에 실을 통과하여 잡아당겨 조인다. 실을 정리한다.

큰 깃털
기본 날개의 왼쪽, 바로 다음 코에서 시작한다.
1단: 짧은뜨기 14, 큰 깃털의 첫 코에 짧은뜨기 1(사진 8)
2단: 짧은뜨기 6, 코늘리기 1, 짧은뜨기 5, 안 보이게 코줄이기 1 [14코]
3단: 짧은뜨기 6, 코늘리기 1, 짧은뜨기 7 [15코]
4단: 안 보이게 코줄이기 1, 짧은뜨기 5, 코늘리기 1, 짧은뜨기 5, 안 보이게 코줄이기 [14코]
5단: 짧은뜨기 7, 코늘리기 1, 짧은뜨기 6 [15코]
6단: 안 보이게 코줄이기 1, 짧은뜨기 5, 코늘리기 1, 짧은뜨기 5, 안 보이게 코줄이기 1 [14코]
7단: (안 보이게 코줄이기 1, 짧은뜨기 1) × 4, 짧은뜨기 2 [10코]
8단: 안 보이게 코줄이기 1 짧은뜨기 3, 코늘리기 1, 짧은뜨기 4 [10코]
9단: 안 보이게 코줄이기 5 [5코]
실을 끊고 남은 코의 앞고리에 실을 통과하여 잡아당겨 조인다. 실을 정리한다.(사진 9) 몸 양쪽 옆에 붙인다.

아기 백조 피터
부리 실: 진회색
1단: 사슬뜨기 4, 2번째 사슬코에서 시작하여 코늘리기 1, 짧은뜨기 1, 다음 코에 짧은뜨기 4, 기초 사슬코의 반대쪽 고리에 짧은뜨기 1, 코늘리기 1 [10코]
2~3단: 짧은뜨기 10 [10코]
4단: (짧은뜨기 1, 코늘리기 1) × 5 [15코]
5단: 짧은뜨기 15 [15코]
꼬리실을 남기고 끊는다. 충전재를 채우지 않는다.

머리 & 몸 실: 베이지색
1단: 매직링에 짧은뜨기 6 [6코]
2단: 코늘리기 6 [12코]
3단: (짧은뜨기 1, 코늘리기 1) × 6 [18코]
4단: (짧은뜨기 2, 코늘리기 1) × 6 [24코]
5단: (짧은뜨기 3, 코늘리기 1) × 6 [30코]
6단: (짧은뜨기 4, 코늘리기 1) × 6 [36코]
7단: (짧은뜨기 5, 코늘리기 1) × 6 [42코]
8~13단: 짧은뜨기 42 [42코]
14단: (짧은뜨기 5, 안 보이게 코줄이기 1) × 6 [36코]
15단: (짧은뜨기 4, 안 보이게 코줄이기 1) × 6 [30코]
16단: (짧은뜨기 3, 안 보이게 코줄이기 1) × 6 [24코]
머리의 11~13단 사이에 부리를 붙인다. 11~12단 사이에 4코 간격을 두고 인형눈을 붙인다. 자수실로 눈 아래에 작은 볼을 만든다.

백조 안나 & 피터

17단: (짧은뜨기 2, 안 보이게 코줄이기 1) × 6 [18코]
18단: (짧은뜨기 1, 안 보이게 코줄이기 1) × 6 [12코]
충전재를 단단하게 채운다.
19~20단: 짧은뜨기 12 [12코]
21단: 안 보이게 코줄이기 1, 짧은뜨기 4, 코늘리기 1, 짧은뜨기 5 [12코]
22단: 짧은뜨기 12 [12코]
23단: 짧은뜨기 5, 코늘리기 1, 짧은뜨기 4, 안 보이게 코줄이기 1 [12코]
24단: 짧은뜨기 12 [12코]
25단: 안 보이게 코줄이기 1, 짧은뜨기 4, 코늘리기 1, 짧은뜨기 5 [12코]
26~27단: 짧은뜨기 12 [12코]
*코바늘이 부리의 반대쪽, 머리 뒤쪽에 있지 않다면 짧은뜨기를 몇 코 더 뜨거나, 몇 코 풀어서 맞춘다. 이렇게 하면 부리가 몸의 앞쪽을 향하게 된다.
28단: 사슬뜨기 12(몸 시작 부분), 다음 코에 마커 걸기(다음 단 시작코), 2번째 사슬코에서 시작하여 코늘리기 1, 짧은뜨기 10, 목 부분에 계속해서 짧은뜨기 12, 사슬코의 반대쪽 고리에 짧은뜨기 10, 코늘리기 1 [36코]
29단: 코늘리기 2, 짧은뜨기 15, 코늘리기 3, 짧은뜨기 15, 코늘리기 1 [42코]
30단: 코늘리기 3, 짧은뜨기 38, 코늘리기 1 [46코]
31단: (짧은뜨기 1, 코늘리기 1) × 2, 짧은뜨기 42 [48코]
32단: 짧은뜨기 48 [48코]
33단: (짧은뜨기 7, 코늘리기 1) × 6 [54코]
34~35단: 짧은뜨기 54 [54코]
36단: 짧은뜨기 6, 안 보이게 코줄이기 1, 짧은뜨기 19, 코늘리

기 1, 짧은뜨기 4, 코늘리기 1, 짧은뜨기 18, 안 보이게 코줄이기 1, 짧은뜨기 1 [54코]

37단: 짧은뜨기 6, 안 보이게 코줄이기 1, 짧은뜨기 18, 안 보이게 코줄이기 1, 짧은뜨기 5, 안 보이게 코줄이기 1, 짧은뜨기 16, 안 보이게 코줄이기 1, 짧은뜨기 1 [50코]

38단: 짧은뜨기 6, 안 보이게 코줄이기 1, 짧은뜨기 39, 안 보이게 코줄이기 1, 짧은뜨기 1 [48코]

39단: 짧은뜨기 6, 안 보이게 코줄이기 1, 짧은뜨기 15, 안 보이게 코줄이기 1, 짧은뜨기 5, 안 보이게 코줄이기 1, 짧은뜨기 13, 안 보이게 코줄이기 1, 짧은뜨기 1 [44코]

40단: 짧은뜨기 6, 안 보이게 코줄이기 1, 짧은뜨기 33, 안 보이게 코줄이기 1, 짧은뜨기 1 [42코]

41단: 짧은뜨기 42 [42코]

42단: (짧은뜨기 5, 안 보이게 코줄이기 1) × 6 [36코]

43단: (짧은뜨기 4, 안 보이게 코줄이기 1) × 6 [30코]

44단: (짧은뜨기 3, 안 보이게 코줄이기 1) × 6 [24코]

여기까지 충전재를 채운다.

45단: (짧은뜨기 2, 안 보이게 코줄이기 1) × 6 [18코]

46단: (짧은뜨기 1, 안 보이게 코줄이기 1) × 6 [12코]

47단: 안 보이게 코줄이기 6 [6코]

실을 끊고 남은 코의 앞고리에 실을 통과하여 잡아당겨 조인다. 실을 정리한다. 남은 실로 몸 아랫부분에서 뒤까지 꿰매어 공처럼 부풀지 않도록 하면 백조가 더 잘 앉아 있는 모양이 된다.

날개(2개) 실: 베이지색

1단: 매직링에 짧은뜨기 5 [5코]

2단: 짧은뜨기 5 [5코]

3단: 코늘리기 5 [10코]

4단: 짧은뜨기 10 [10코]

5단: (짧은뜨기 1, 코늘리기 1) × 5 [15코]

6~7단: 짧은뜨기 15 [15코]

8단: (짧은뜨기 2, 코늘리기 1) × 5 [20코]

9~10단: 짧은뜨기 20 [20코]

11단: (짧은뜨기 3, 코늘리기 1) × 5 [25코]

12~14단: 짧은뜨기 25 [25코]

15단: (짧은뜨기 3, 안 보이게 코줄이기 1) × 5 [20코]

16단: (짧은뜨기 2, 안 보이게 코줄이기 1) × 5 [15코]

17단: (짧은뜨기 1, 안 보이게 코줄이기 1) × 5 [10코]

18단: 안 보이게 코줄이기 5 [5코]

꼬리실을 남기고 끊는다. 충전재를 채우지 않는다. 날개를 몸의 양쪽 옆에 붙인다.

바다표범 새미

by DIY Fluffies
(Mariska Vos-Bolman)

난이도: ★★
완성된 단: 21cm

준비물:
- 실: 회색, 분홍색 (조금) 검정색 (조금)
- 코바늘 2.5mm
- 인형눈 13mm
- 돗바늘
- 핀
- 마커
- 충전재

코바늘 동물인형 갤러리
www.amigurumi.com/2507
작품을 올리고 영감을 얻으세요!

몸 실: 회색

1단: 매직링에 짧은뜨기 6 [6코]
2단: 코늘리기 6 [12코]
3단: (짧은뜨기 1, 코늘리기 1) × 6 [18코]
4단: (짧은뜨기 2, 코늘리기 1) × 6 [24코]
5단: (짧은뜨기 3, 코늘리기 1) × 6 [30코]
6단: (짧은뜨기 4, 코늘리기 1) × 6 [36코]
7단: (짧은뜨기 5, 코늘리기 1) × 6 [42코]
8단: (짧은뜨기 6, 코늘리기 1) × 6 [48코]
9단: (짧은뜨기 7, 코늘리기 1) × 6 [54코]
10단: (짧은뜨기 8, 코늘리기 1) × 6 [60코]
11~14단: 짧은뜨기 60 [60코]
15단: 짧은뜨기 28, 안 보이게 코줄이기 1, 짧은뜨기 8, 안 보이게 코줄이기 1, 짧은뜨기 20 [58코]
16단: 짧은뜨기 9, 코늘리기 1, 짧은뜨기 47, 코늘리기 1 [60코]

17단: 짧은뜨기 31, 코늘리기 6, 짧은뜨기 23 [66코]
18단: 짧은뜨기 34, 코늘리기 1, 짧은뜨기 5, 코늘리기 1, 짧은뜨기 25 [68코]
18단의 28번째 코와 46번째 코에 마커 걸기(인형눈 위치)
19단: 짧은뜨기 10, 코늘리기 1, 짧은뜨기 16, 코늘리기 1, 짧은뜨기 1, 코늘리기 1, 짧은뜨기 19, 코늘리기 1, 짧은뜨기 1, 코늘리기 1, 짧은뜨기 15, 코늘리기 1 [74코]
20~21단: 짧은뜨기 74 [74코]
22단: 짧은뜨기 11, 코늘리기 1, 짧은뜨기 61, 코늘리기 1 [76코]
17단과 18단 사이, 28~29번째 코와 17~18번째 코에 인형눈을 붙인다.
23단: 짧은뜨기 34, (안 보이게 코줄이기 1, 짧은뜨기 3) × 3, 안 보이게 코줄이기 1, 짧은뜨기 25 [72코]
24단: 짧은뜨기 35, (안 보이게 코줄이기 1, 짧은뜨기 1) × 3, 안 보이게 코줄이기 1, 짧은뜨기 26 [68코]
25단: 짧은뜨기 12, 코늘리기 1, 짧은뜨기 13, (짧은뜨기 1, 안 보이게 코줄이기 1) × 8, 짧은뜨기 17, 코늘리기 1 [62코]
26단: 짧은뜨기 21, 안 보이게 코줄이기 1, 짧은뜨기 1, (짧은뜨기 1, 안 보이게 코줄이기 1) × 4, (안 보이게 코줄이기 1, 짧은뜨기 1) × 4, 짧은뜨기 1, 안 보이게 코줄이기 1, 짧은뜨기 11 [52코]
27단: 짧은뜨기 52 [52코]
28단: 짧은뜨기 13, 코늘리기 1, 짧은뜨기 37, 코늘리기 1 [54코]
29단: 짧은뜨기 54 [54코]
30단: (짧은뜨기 8, 코늘리기 1) × 6 [60코]
31~32단: 짧은뜨기 60 [60코]
33단: (짧은뜨기 9, 코늘리기 1) × 6 [66코]
34~43단: 짧은뜨기 66 [66코]
44단: (짧은뜨기 9, 안 보이게 코줄이기 1) × 6 [60코]
45단: (짧은뜨기 8, 안 보이게 코줄이기 1) × 6 [54코]
46단: (짧은뜨기 7, 안 보이게 코줄이기 1) × 6 [48코]
47단: (짧은뜨기 6, 안 보이게 코줄이기 1) × 6 [42코]
48단: (짧은뜨기 5, 안 보이게 코줄이기 1) × 6 [36코]
49단: (짧은뜨기 4, 안 보이게 코줄이기 1) × 6 [30코]
충전재를 채운다.
50단: (짧은뜨기 3, 안 보이게 코줄이기 1) × 6 [24코]
51단: (짧은뜨기 2, 안 보이게 코줄이기 1) × 6 [18코]
52단: (짧은뜨기 1, 안 보이게 코줄이기 1) × 6 [12코]
53단: 안 보이게 코줄이기 6 [6코]

실을 끊고 남은 코의 앞고리에 실을 통과하여 잡아당겨 조인다. 실을 정리한다.

꼬리　실: 회색

2개의 뒷 지느러미 발을 만들어 시작한다.

뒷 지느러미 발(2개)

1단: 매직링에 짧은뜨기 4 [4코]

2단: 코늘리기 4 [8코]

3단: (짧은뜨기 1, 코늘리기 1) × 4 [12코]

4단: 짧은뜨기 12 [12코]

5단: (짧은뜨기 2, 코늘리기 1) × 4 [16코]

6단: 짧은뜨기 16 [16코]

7단: (짧은뜨기 7, 코늘리기 1) × 2 [18코]

8단: 짧은뜨기 18 [18코]

9단: (짧은뜨기 7, 안 보이게 코줄이기 1) × 2 [16코]

10단: (짧은뜨기 2, 안 보이게 코줄이기 1) × 4 [12코]

11단: 짧은뜨기 12 [12코]

12단: (짧은뜨기 1, 안 보이게 코줄이기 1) × 4 [8코]

13단: 짧은뜨기 8 [8코]

첫 번째 지느러미 발은 실을 끊고 정리한다. 두 번째 지느러미 발은 실을 끊지 않는다. 충전재를 채우지 않는다. 다음 단에서 연결한다.

꼬리 부분

14단: 두 번째 부분에 짧은뜨기 4, 첫 번째 부분에 짧은뜨기 8, 두 번째 부분에 짧은뜨기 4 [16코]

15~16단: 짧은뜨기 16 [16코]

17단: (짧은뜨기 3, 코늘리기 1) × 4 [20코]

18단: 짧은뜨기 20 [20코]

19단: (짧은뜨기 4, 코늘리기 1) × 4 [24코]

20단: 짧은뜨기 24 [24코]

21단: (짧은뜨기 3, 코늘리기 1) × 6 [30코]

22단: 짧은뜨기 30 [30코]

23단: (짧은뜨기 4, 코늘리기 1) × 6 [36코]

24단: 짧은뜨기 36 [36코]

25단: (짧은뜨기 5, 코늘리기 1) × 6 [42코]
26단: 짧은뜨기 42 [42코]
27단: (짧은뜨기 6, 코늘리기 1) × 6 [48코]
28단: 짧은뜨기 48 [48코]
29단: (짧은뜨기 7, 코늘리기 1) × 6 [54코]
30단: 짧은뜨기 54 [54코]
꼬리실을 남기고 끊는다. 충전재를 채운다. 몸의 33~52단 사이에 붙인다.

앞 지느러미 발(2개)   실: 회색

1단: 매직링에 짧은뜨기 6 [6코]
2단: 코늘리기 6 [12코]
3단: (짧은뜨기 3, 코늘리기 1) × 3 [15코]
4~8단: 짧은뜨기 15 [15코]
9단: (짧은뜨기 3, 안 보이게 코줄이기 1) × 3 [12코]
10~11단: 짧은뜨기 12 [12코]
12단: (짧은뜨기 2, 안 보이게 코줄이기 1) × 3 [9코]
13단: 짧은뜨기 9 [9코]
꼬리실을 남기고 끊는다. 충전재를 채우지 않는다. 몸 앞쪽의 39~21코의 간격을 두고 붙인다.

코   실: 검정색

1단: 매직링에 짧은뜨기 4 [4코]
2단: (짧은뜨기 1, 코늘리기 1) × 2 [6코]
꼬리실을 남기고 끊는다. 눈 사이 18~19단에 붙인다.

목 장식   실: 분홍색

사슬뜨기 61(목둘레에 맞추어 콧수를 조절한다.)
1단: 2번째 사슬코에서 시작하여 짧은뜨기 60, 사슬뜨기 1, 뒤집기 [60코]
2단: 짧은뜨기 60, 사슬뜨기 1, 뒤집기 [60코]
3단: 짧은뜨기 60 [60코]
꼬리실을 남기고 끊는다. 목 둘레에 감싸고 연결 부분에 몇 땀을 떠서 고정한다.

리본 장식   실: 분홍색

사슬뜨기 30. 빼뜨기하여 원을 만든다.(사진 1-2) 사슬이 꼬이지 않도록 한다.
1~3단: 사슬뜨기 3, 한길긴뜨기 30, 빼뜨기 [30코] (사진 3-4)
실을 끊고 정리한다.

리본 장식 중심   실: 분홍색

1단: 사슬뜨기 11, 2번째 사슬코에서 시작하여 짧은뜨기 10, 사슬뜨기 1, 뒤집기 [10코]
2단: 짧은뜨기 10, 사슬뜨기 1, 뒤집기 [10코]
3단: 짧은뜨기 10 [10코]
꼬리실을 남기고 끊는다. 리본을 반으로 접고 가운데에 둘러 몇 땀을 떠서 고정한다.

개구리 크록

by Lisa Jestes Designs
(Lisa Jestes)

난이도: ★★
완성된 단: 23cm

준비물:
- 실: 초록색, 흰색(조금) 검정색(조금)
- 코바늘 3.75mm
- 돗바늘
- 섬유 접착제
- 검정 색, 흰색 펠트 조각
- 마커
- 충전재

코바늘 동물인형 갤러리
www.amigurumi.com/406
작품을 올리고 영감을 얻으세요!

머리 실: 초록색

1단: 매직링에 짧은뜨기 6 [6코]
2단: 코늘리기 6 [12코]
3단: (짧은뜨기 1, 코늘리기 1) × 6 [18코]
4단: (짧은뜨기 2, 코늘리기 1) × 6 [24코]
5단: (짧은뜨기 3, 코늘리기 1) × 6 [30코]
6단: (짧은뜨기 4, 코늘리기 1) × 6 [36코]

7단: (짧은뜨기 5, 코늘리기 1) × 6 [42코]
8단: 짧은뜨기 42 [42코]
9단: (짧은뜨기 6, 코늘리기 1) × 6 [48코]
10단: 짧은뜨기 48 [48코]
11단: 짧은뜨기 7, 코늘리기 1, (짧은뜨기 1, 코늘리기 1) × 4, 짧은뜨기 16, 코늘리기 1, (짧은뜨기 1, 코늘리기 1) × 4, 짧은뜨기 7 [58코]
12단: 짧은뜨기 58 [58코]
13단: 짧은뜨기 7, 코늘리기 1, (짧은뜨기 2, 코늘리기 1) × 4, 짧은뜨기 18, 코늘리기 1, (짧은뜨기 2, 코늘리기 1) × 4, 짧은뜨기 7 [68코]
14~19단: 짧은뜨기 68 [68코]
20단: 짧은뜨기 7, 안 보이게 코줄이기 1, (짧은뜨기 2, 안 보이게 코줄이기 1) × 4, 짧은뜨기 18, 안 보이게 코줄이기 1, (짧은뜨기 2, 안 보이게 코줄이기 1) × 4, 짧은뜨기 7 [58코]
21단: 짧은뜨기 58 [58코]
22단: 짧은뜨기 7, 안 보이게 코줄이기 1, (짧은뜨기 1, 안 보이게 코줄이기 1) × 4, 짧은뜨기 16, 안 보이게 코줄이기 1, (짧은뜨기 1, 안 보이게 코줄이기 1) × 4, 짧은뜨기 7 [48코]
23단: 짧은뜨기 48 [48코]
24단: (짧은뜨기 6, 안 보이게 코줄이기 1) × 6 [42코]
25단: 짧은뜨기 42 [42코]
26단: (짧은뜨기 5, 안 보이게 코줄이기 1) × 6 [36코]
충전재를 채운다.
27단: (짧은뜨기 4, 안 보이게 코줄이기 1) × 6 [30코]
28단: (짧은뜨기 3, 안 보이게 코줄이기 1) × 6 [24코]
29단: (짧은뜨기 2, 안 보이게 코줄이기 1) × 6 [18코]
30단: (짧은뜨기 1, 안 보이게 코줄이기 1) × 6 [12코]
31단: 안 보이게 코줄이기 6 [6코]
실을 끊고 정리한다.

몸 실: 초록색
1단: 매직링에 짧은뜨기 6 [6코]
2단: 코늘리기 6 [12코]

3단: (짧은뜨기 1, 코늘리기 1) × 6 [18코]
4단: (짧은뜨기 2, 코늘리기 1) × 6 [24코]
5단: (짧은뜨기 3, 코늘리기 1) × 6 [30코]
6단: (짧은뜨기 4, 코늘리기 1) × 6 [36코]
7단: (짧은뜨기 5, 코늘리기 1) × 6 [42코]
8~11단: 짧은뜨기 42 [42코]
12단: (짧은뜨기 5, 안 보이게 코줄이기 1) × 6 [36코]
13~16단: 짧은뜨기 36 [36코]
17단: (짧은뜨기 4, 안 보이게 코줄이기 1) × 6 [30코]
18~20단: 짧은뜨기 30 [30코]
21단: (짧은뜨기 3, 안 보이게 코줄이기 1) × 6 [24코]
22~24단: 짧은뜨기 24 [24코]
꼬리실을 남기고 끊는다. 충전재를 채운다.

눈(2개) 실: 흰색

1단: 매직링에 짧은뜨기 6 [6코]
2단: 코늘리기 6 [12코]
3단: (짧은뜨기 1, 코늘리기 1) × 6 [18코]
4~5단: 짧은뜨기 18 [18코]
6단: (짧은뜨기 1, 안 보이게 코줄이기 1) × 6 [12코]
충전재를 채운다.
7단: 안 보이게 코줄이기 6 [6코]
실을 끊고 정리한다.

눈꺼풀(2개) 실: 초록색

1단: 매직링에 짧은뜨기 5, 사슬뜨기 1, 뒤집기 [5코]
2단: (짧은뜨기 1, 코늘리기 1) × 2, 짧은뜨기 1, 사슬뜨기 1, 뒤집기 [7코]
3단: (짧은뜨기 1, 코늘리기 1) × 3, 짧은뜨기 1, 사슬뜨기 1, 뒤집기 [10코]
4단: (짧은뜨기 4, 코늘리기 1) × 2, 사슬뜨기 1, 뒤집기 [12코]
5단: (짧은뜨기 3, 코늘리기 1) × 3, 사슬뜨기 1, 뒤집기 [15코]
6단: (짧은뜨기 4, 코늘리기 1) × 3, 사슬뜨기 1, 뒤집기 [18코]
7단: (짧은뜨기 5, 코늘리기 1) × 3, 사슬뜨기 1, 뒤집기 [21코]
8단: 짧은뜨기 21, 사슬뜨기 1, 뒤집기 [21코]
9단: (짧은뜨기 5, 안 보이게 코줄이기 1) × 3, 사슬뜨기 1, 뒤집기 [18코]
10단: (짧은뜨기 4, 안 보이게 코줄이기 1) × 3 [15코]
꼬리실을 남기고 끊는다.

팔(2개) 실: 초록색

1단: 매직링에 짧은뜨기 5 [5코]
2단: 코늘리기 5 [10코]
3~13단: 짧은뜨기 10 [10코]
14단: (짧은뜨기 3, 안 보이게 코줄이기 1) × 2 [8코]
15~18단: 짧은뜨기 8 [8코]
19단: (코늘리기 2, 짧은뜨기 2) × 2 [12코]
20단: (짧은뜨기 1, 코늘리기 1) × 6 [18코]
21~22단: 짧은뜨기 18 [18코]
충전재를 채운다.
23단: (짧은뜨기 2, 코늘리기 1) × 6 [24코]
첫 번째 손가락을 계속 이어 뜬다.

첫 번째 손가락 실: 초록색

1단: 짧은뜨기 8, 23단의 마지막 코에 짧은뜨기 1 [9코]
작은 원이 생긴다.(사진 1) 여기에 9코만 뜬다.
2단: 짧은뜨기 9 [9코]
3단: (짧은뜨기 1, 안 보이게 코줄이기 1) × 3 [6코]
충전재를 채운다.
4단: 짧은뜨기 6 [6코]
5단: (짧은뜨기 1, 코늘리기 1) × 3 [9코]
6단: (짧은뜨기 2, 코늘리기 1) × 3 [12코]
7단: 짧은뜨기 12 [12코]
8단: (짧은뜨기 2, 안 보이게 코줄이기 1) × 3 [9코]

9단: (짧은뜨기 1, 안 보이게 코줄이기 1) × 3 [6코]

10단: 안 보이게 코줄이기 3 [3코]

실을 끊고 꼬리실을 남긴다. 남은 코의 앞고리에 실을 통과하여 잡아당겨 조인다. 실을 정리한다.(사진 2)

두 번째 손가락 실: 초록색

첫 번째 손가락 왼쪽의 첫 코에서 시작한다.(사진 3)

1단: 사슬뜨기 1, 시작코에서부터 짧은뜨기 3, 건너뛰기 7(사진 4), 짧은뜨기 4, 첫 번째 손가락 아래에서 코늘리기 1(사진 5) [10코] 작은 원이 생긴다.

2단: 짧은뜨기 10 [10코]

충전재를 채운다.

3단: (짧은뜨기 3, 안 보이게 코줄이기 1) × 2 [8코]

4~5단: 짧은뜨기 8 [8코]

6단: (짧은뜨기 1, 코늘리기 1) × 4 [12코]

7단: (짧은뜨기 2, 코늘리기 1) × 4 [16코]

8단: 짧은뜨기 16 [16코]

9단: (짧은뜨기 2, 안 보이게 코줄이기 1) × 4 [12코]

10단: (짧은뜨기 1, 안 보이게 코줄이기 1) × 4 [8코]

11단: 안 보이게 코줄이기 4 [4코]

실을 끊고 꼬리실을 남긴다. 남은 코의 앞고리에 실을 통과하여 잡아당겨 조인다. 실을 정리한다.(사진 6)

세 번째 손가락 실: 초록색

두 번째 손가락 왼쪽의 첫 코에서 시작한다.(사진 7)

1단: 사슬뜨기 1, 시작코에서부터 짧은뜨기 6, 두 번째 손가락 아래에 짧은뜨기 2(사진 8) [9코]

2단: (짧은뜨기 1, 안 보이게 코줄이기 1) × 3 [6코]

충전재를 채운다.

3단: 짧은뜨기 6 [6코]

4단: (짧은뜨기 1, 코늘리기 1) × 3 [9코]

5단: (짧은뜨기 2, 코늘리기 1) × 3 [12코]

6단: 짧은뜨기 12 [12코]

7단: (짧은뜨기 2, 안 보이게 코줄이기 1) × 3 [9코]

8단: (짧은뜨기 1, 안 보이게 코줄이기 1) × 3 [6코]

9단: 안 보이게 코줄이기 3 [3코]

실을 끊고 꼬리실을 남긴다. 남은 코의 앞고리에 실을 통과하여 잡아당겨 조인다. 실을 정리한다. 손가락 사이에 구멍을 메꾼다.

다리(2개) 실: 초록색

1단: 매직링에 짧은뜨기 5 [5코]
2단: 코늘리기 5 [10코]
3단: (짧은뜨기 1, 코늘리기 1) × 5 [15코]
4단: (짧은뜨기 2, 코늘리기 1) × 5 [20코]
5~14단: 짧은뜨기 20 [20코]
15단: (짧은뜨기 2, 안 보이게 코줄이기 1) × 5 [15코]
16~20단: 짧은뜨기 15 [15코]
충전재를 채운다.
21단: (짧은뜨기 1, 안 보이게 코줄이기 1) × 5 [10코]
22단: 짧은뜨기 10 [10코]
23단: (짧은뜨기 3, 안 보이게 코줄이기 1) × 2 [8코]
다리 중간 부분은 구부릴 수 있도록 충전재를 가볍게 채운다.
24단: 짧은뜨기 8 [8코]
25단: (짧은뜨기 3, 코늘리기 1) × 2 [10코]
26~27단: 짧은뜨기 10 [10코]
28단: (짧은뜨기 4, 코늘리기 1) × 2 [12코]
29~32단: 짧은뜨기 12 [12코]
33단: (짧은뜨기 3, 코늘리기 1) × 3 [15코]
34~39단: 짧은뜨기 15 [15코]
40단: (짧은뜨기 3, 안 보이게 코줄이기 1) × 3 [12코]
41~45단: 짧은뜨기 12 [12코]
꼬리실을 남기고 끊는다.

발(2개) 실: 초록색

길게 꼬리실을 남기고 시작한다.
1단: 매직링에 짧은뜨기 6 [6코]
2단: 코늘리기 6 [12코]
3단: (짧은뜨기 1, 코늘리기 1) × 6 [18코]
4~5단: 짧은뜨기 18 [18코]
6단: (짧은뜨기 2, 코늘리기 1) × 6 [24코]
7~9단: 짧은뜨기 24 [24코]
손가락과 같은 방법으로 발가락을 만든다. 충전재를 채운다.

연결하기

- 머리를 몸에 붙인다.
- 눈꺼풀을 4단 눈동자에 닿도록 하여 꿰맨다. 충전재를 더 채운다.
- 머리의 4~11단 사이에 눈을 붙인다. 눈 아래에 몇 땀을 떠서 고정한다.
- 팔을 몸에 붙인다.
- 발의 윗부분을 직각이 되도록 다리에 붙인다.
- 다리를 구부리고 싶다면 무릎 아래에 한 땀 꿰매어 고정한다.
- 다리의 3~11단을 몸에 붙인다. 다리 모양은 자유롭게 선택하여 고정한다.
- 검정색 펠트천 위에 흰색 펠트천을 작게 잘라 붙여 눈동자를 만든다. 섬유 접착제로 눈에 붙인다.
- 머리의 17~18단 사이에 초록색 실로 입을 수놓는다. 매듭을 지어 머리 뒤쪽에서 넣어 다시 매듭을 짓고 머리 속으로 넣어 숨겨 완성한다.

사자 레오

by Amalou Designs
(Marielle Maag)

난이도: ★★
완성된 단: 19cm

준비물:
- 실: 노란색, 갈색, 주황색 (조금), 흰색 (조금)
- 코바늘 2.5mm, 3mm
- 인형눈 8mm
- 돗바늘
- 마커
- 충전재

코바늘 동물인형 갤러리
www.amigurumi.com/2215
작품을 올리고 영감을 얻으세요!

몸 실: 노란색, 갈색

*패턴에 따로 지시가 없다면 2.5mm 바늘을 사용한다.

다리(2개)

2개의 다리를 만들고 시작한다.

1단: 노란색. 매직링에 짧은뜨기 6 [6코]
2단: 코늘리기 6 [12코]
3단: (짧은뜨기 1, 코늘리기 1) × 6 [18코]
4단: (짧은뜨기 2, 코늘리기 1) × 6 [24코]
5단: 짧은뜨기 24 [24코]
6단: 안 보이게 코줄이기 2, 짧은뜨기 9, 코늘리기 2, 짧은뜨기 9 [24코]
7단: 짧은뜨기 24 [24코]
8단: 안 보이게 코줄이기 2, 짧은뜨기 9, 코늘리기 2, 짧은뜨기 9 [24코]
9~10단: 짧은뜨기 24 [24코]
11단: 안 보이게 코줄이기 2, 짧은뜨기 9, 코늘리기 2, 짧은뜨기 9 [24코]
12단: 짧은뜨기 24 [24코], 마커 걸기

첫 번째 다리는 실을 끊고 정리한다. 두 번째 다리는 실을 끊지 않는다.
짧은뜨기 2, 사슬뜨기 6
다음 단에서 연결한다.

다리 연결하기

13단: 표시해 둔 첫 번째 다리의 12단 코의 옆에 짧은뜨기 1, (발이 마주보는지 확인하기(사진 1)) 첫 번째 다리에 짧은뜨기 23, 사슬코에 짧은뜨기 6(사진 2), 두 번째 다리에 짧은뜨기 24, 사슬코의 반대쪽 고리에 짧은뜨기 6 [60코]
14~18단: 짧은뜨기 60 [60코]
19단: 짧은뜨기 12, 안 보이게 코줄이기 1, 짧은뜨기 28, 안 보이게 코줄이기 1, 짧은뜨기 16 [58코]
20단: 짧은뜨기 58 [58코]
21단: 짧은뜨기 12, 안 보이게 코줄이기 1, 짧은뜨기 27, 안 보이게 코줄이기 1, 짧은뜨기 15 [56코]
22단: 짧은뜨기 56 [56코]
23단: 짧은뜨기 12, 안 보이게 코줄이기 1, 짧은뜨기 26, 안 보이게 코줄이기 1, 짧은뜨기 14 [54코]
24단: 짧은뜨기 54 [54코]
25단: 갈색. 짧은뜨기 12, 안 보이게 코줄이기 1, 짧은뜨기 25, 안 보이게 코줄이기 1, 짧은뜨기 13 [52코]
26단: 짧은뜨기 52 [52코]
27단: 짧은뜨기 12, 안 보이게 코줄이기 1, 짧은뜨기 24, 안 보이게 코줄이기 1, 짧은뜨기 12 [50코](사진 3)
28단: 짧은뜨기 50 [50코]
29단: 짧은뜨기 12, 안 보이게 코줄이기 1, 짧은뜨기 23, 안 보이게 코줄이기 1, 짧은뜨기 11 [48코]
30단: 짧은뜨기 48 [48코]
31단: 짧은뜨기 12, 안 보이게 코줄이기 1, 짧은뜨기 22, 안 보이게 코줄이기 1, 짧은뜨기 10 [46코]
32단: 짧은뜨기 46 [46코]
33단: 짧은뜨기 12, 안 보이게 코줄이기 1, 짧은뜨기 21, 안 보이게 코줄이기 1, 짧은뜨기 9 [44코]
34단: 짧은뜨기 44 [44코]
35단: 짧은뜨기 12, 안 보이게 코줄이기 1, 짧은뜨기 20, 안 보이

게 코줄이기 1, 짧은뜨기 8 [42코]
36단: 짧은뜨기 12, 안 보이게 코줄이기 1, 짧은뜨기 19, 안 보이게 코줄이기 1, 짧은뜨기 7 [40코]
37단: 짧은뜨기 12, 안 보이게 코줄이기 1, 짧은뜨기 18, 안 보이게 코줄이기 1, 짧은뜨기 6 [38코]
38단: 짧은뜨기 12, 안 보이게 코줄이기 1, 짧은뜨기 17, 안 보이게 코줄이기 1, 짧은뜨기 5 [36코]
39단: 짧은뜨기 12, 안 보이게 코줄이기 1, 짧은뜨기 16, 안 보이게 코줄이기 1, 짧은뜨기 4 [34코]
40단: 짧은뜨기 12, 안 보이게 코줄이기 1, 짧은뜨기 15, 안 보이게 코줄이기 1, 짧은뜨기 3 [32코]
41단: 짧은뜨기 12, 안 보이게 코줄이기 1, 짧은뜨기 14, 안 보이게 코줄이기 1, 짧은뜨기 2 [30코]
꼬리실을 남기고 끊는다. 충전재를 채운다.

머리 실: 노란색

1단: 매직링에 짧은뜨기 6 [6코]
2단: 코늘리기 6 [12코]
3단: (짧은뜨기 1, 코늘리기 1) × 6 [18코]
4단: (짧은뜨기 2, 코늘리기 1) × 6 [24코]
5단: (짧은뜨기 3, 코늘리기 1) × 6 [30코]
6단: (짧은뜨기 4, 코늘리기 1) × 6 [36코]
7단: (짧은뜨기 5, 코늘리기 1) × 6 [42코]
8단: (짧은뜨기 6, 코늘리기 1) × 6 [48코]
9단: 짧은뜨기 48 [48코]
10단: (짧은뜨기 7, 코늘리기 1) × 6 [54코]
11단: 짧은뜨기 54 [54코]
12단: (짧은뜨기 8, 코늘리기 1) × 6 [60코]
13단: (짧은뜨기 9, 코늘리기 1) × 6 [66코]
14단: (짧은뜨기 10, 코늘리기 1) × 6 [72코]
15단: 짧은뜨기 72 [72코]
16단: (짧은뜨기 11, 코늘리기 1) × 6 [78코]
17단: 짧은뜨기 78 [78코]
18단: (짧은뜨기 12, 코늘리기 1) × 6 [84코]
19~20단: 짧은뜨기 84 [84코]
21단: (짧은뜨기 12, 안 보이게 코줄이기 1) × 6 [78코]
22단: (짧은뜨기 11, 안 보이게 코줄이기 1) × 6 [72코]
23단: (짧은뜨기 10, 안 보이게 코줄이기 1) × 6 [66코]
24단: (짧은뜨기 9, 안 보이게 코줄이기 1) × 6 [60코]
25단: (짧은뜨기 8, 안 보이게 코줄이기 1) × 6 [54코]
26단: (짧은뜨기 7, 안 보이게 코줄이기 1) × 6 [48코]
27단: (짧은뜨기 6, 안 보이게 코줄이기 1) × 6 [42코]
28단: (짧은뜨기 5, 안 보이게 코줄이기 1) × 6 [36코]
29단: (짧은뜨기 4, 안 보이게 코줄이기 1) × 6 [30코]
실을 끊고 정리한다. 16~17단 사이에 14코의 간격을 두고 인형 눈을 붙인다. 갈색 실로 11~12단 사이에 눈썹을 수놓는다. 충전재를 채운다.

주둥이 실: 흰색

1단: 매직링에 짧은뜨기 6 [6코]
2단: 코늘리기 6 [12코]
3단: (짧은뜨기 1, 코늘리기 1) × 6 [18코]
4단: (짧은뜨기 2, 코늘리기 1) × 6 [24코]
5단: (짧은뜨기 3, 코늘리기 1) × 6 [30코]
6단: (짧은뜨기 4, 코늘리기 1) × 6 [36코]
꼬리실을 남기고 끊는다. 머리 꼭대기에서 17단 아래에 붙인다.

충전재를 더 채운다. 갈색 실로 코와 입을 수놓는다.

귀(2개) 실: 노란색
1단: 매직링에 짧은뜨기 6 [6코]
2단: 코늘리기 6 [12코]
3단: (짧은뜨기 1, 코늘리기 1) × 6 [18코]
4단: (짧은뜨기 2, 코늘리기 1) × 6 [24코]
5~8단: 짧은뜨기 24 [24코]
꼬리실을 남기고 끊는다. 충전재는 채우지 않는다.

안쪽 귀(2개) 실: 갈색
1단: 매직링 안에 사슬뜨기 2 + 긴뜨기 5 + 빼뜨기 [6코]
꼬리실을 남기고 끊는다. 귀를 납작하게 펴고 안쪽 귀를 꿰맨다. 머리 꼭대기에서 4단 아래에 붙인다.

팔(2개) 실: 노란색, 갈색
1단: 노란색. 매직링에 짧은뜨기 6 [6코]
2단: 코늘리기 6 [12코]
3단: (짧은뜨기 1, 코늘리기 1) × 6 [18코]
4~7단: 짧은뜨기 18 [18코]
8단: 안 보이게 코줄이기 2, 짧은뜨기 14 [16코]
9~16단: 짧은뜨기 16 [16코]
17단: 짧은뜨기 9
갈색. 짧은뜨기 1, 안 보이게 코줄이기 1, 짧은뜨기 4 [15코]
18~24단: 짧은뜨기 15 [15코]
25단: 짧은뜨기 11, 안 보이게 코줄이기 1, 짧은뜨기 2 [14코]
26~28단: 짧은뜨기 14 [14코]
노란색 부분에 충전재를 채운다. 갈색 부분에는 가볍게 채운다. 팔 윗부분을 납작하게 눌러 잡고, 8단 코줄임 부분이 옆선에 맞는지 확인한다. 다음 단에서 두 겹으로 작업한다.
29단: 짧은뜨기 7 [7코]
꼬리실을 남기고 끊는다.

갈기 실: 주황색 | 코바늘: 3mm
사슬뜨기 64. 첫코에 빼뜨기를 하여 원을 만든다. 원이 꼬이지 않도록 한다.
1단: 빼뜨기 64 [64코]
2단: 한길긴뜨기 63, 빼뜨기 [64코]
3단: (건너뛰기 1, 다음 코에 한길긴뜨기 6, 건너뛰기 1, 다음 코에 빼뜨기) × 16
꼬리실을 남기고 끊는다. 주둥이에서 3단 아래에서 시작하여 귀 뒤를 지나 머리를 둘러 붙인다.

연결하기
- 머리를 몸에 붙인다.
- 머리 솔기 아래 몸에 팔을 붙인다.
- 몸의 색이 바뀌는 지점에 갈색 실로 빼뜨기로 장식한다. 몸 뒤쪽에서 시작하고 끝낸다.

공작 레오폴도

by Pica Pau (Yan Schenkel)

난이도: ★★★

완성된 단: 24cm

준비물:
- 실: 흰색, 파란색, 남색, 초록색(조금), 노란색(조금)
- 코바늘 3mm
- 인형눈 10mm
- 돗바늘
- 마커
- 충전재

코바늘 동물인형 갤러리
www.amigurumi.com/909
작품을 올리고 영감을 얻으세요!

눈 (2개) 실: 흰색

1단: 사슬뜨기 7, 2번째 사슬코에서 시작하여 코늘리기 1, 짧은뜨기 4, 다음 코에 짧은뜨기 4, 기초 사슬코의 반대쪽 고리에 짧은뜨기 4, 코늘리기 1 [16코]

2단: 코늘리기 1, 짧은뜨기 6, 코늘리기 2, 짧은뜨기 6, 코늘리기 1 [20코]

3단: 코늘리기 2, 짧은뜨기 7, 코늘리기 2, 짧은뜨기 9 [24코]

빼뜨기한 후 꼬리실을 남기고 끊는다. 타원의 1~2단 사이 한쪽에 인형눈을 넣는다. 아직 와셔는 막지 않는다.

부리 실: 노란색

1단: 매직링에 짧은뜨기 5 [5코]

2단: 짧은뜨기 5 [5코]

3단: 코늘리기 5 [10코]

4~5단: 짧은뜨기 10 [10코]

6단: (짧은뜨기 1, 코늘리기 1) × 5 [15코]

7~8단: 짧은뜨기 15 [15코]

9단: (짧은뜨기 2, 코늘리기 1) × 5 [20코]

10단: 짧은뜨기 20 [20코]

꼬리실을 남기고 끊는다. 충전재를 채운다.

머리 & 몸 실: 파란색

1단: 매직링에 짧은뜨기 6 [6코]
2단: 코늘리기 6 [12코]
3단: (짧은뜨기 1, 코늘리기 1) × 6 [18코]
4단: (짧은뜨기 2, 코늘리기 1) × 6 [24코]
5단: (짧은뜨기 3, 코늘리기 1) × 6 [30코]
6단: (짧은뜨기 4, 코늘리기 1) × 6 [36코]
7단: (짧은뜨기 5, 코늘리기 1) × 6 [42코]
8단: (짧은뜨기 6, 코늘리기 1) × 6 [48코]
9단: (짧은뜨기 7, 코늘리기 1) × 6 [54코]
10~18단: 짧은뜨기 54 [54코]
19단: (짧은뜨기 7, 안 보이게 코줄이기 1) × 6 [48코]
20단: (짧은뜨기 6, 안 보이게 코줄이기 1) × 6 [42코]
21단: (짧은뜨기 5, 안 보이게 코줄이기 1) × 6 [36코]
22단: (짧은뜨기 4, 안 보이게 코줄이기 1) × 6 [30코]
23단: (짧은뜨기 3, 안 보이게 코줄이기 1) × 6 [24코]
24단: (짧은뜨기 2, 안 보이게 코줄이기 1) × 6 [18코]
25~32단: 짧은뜨기 18 [18코]
33단: 짧은뜨기 8, 코늘리기 2, 짧은뜨기 8 [20코]
34단: 짧은뜨기 20 [20코]
35단: 짧은뜨기 9, 코늘리기 1, 짧은뜨기 1, 코늘리기 1, 짧은뜨기 8 [22코]
36단: 짧은뜨기 22 [22코]
37단: 짧은뜨기 10, 코늘리기 1, 짧은뜨기 2, 코늘리기 1, 짧은뜨기 8 [24코]
38~39단: 짧은뜨기 24 [24코]
40단: 사슬뜨기 18 (몸의 시작 부분), 2번째 코에서 시작하여 코늘리기 1, 짧은뜨기 16(사진 1), 목 부분에 계속해서 짧은뜨기 24, 사슬코의 반대쪽 고리에 짧은뜨기 16, 다음 코에 짧은뜨기 3 [61코]
41단: 다음 코에 짧은뜨기 3, 짧은뜨기 27, 코늘리기 1, 짧은뜨기 3, 코늘리기 1, 짧은뜨기 28 [65코]

부리를 그리의 15~21단 사이에 붙인다. 충전재를 채워 넣어가며 꿰맨다. 만들어 둔 눈 을 17~18단 사이에 6코 간격을 두고 붙인다. 와셔를 막고 머리에 붙인다.

42단: 코늘리기 3, 짧은뜨기 62 [68코]
43단: 짧은뜨기 68 [68코]
44단: 짧은뜨기 34, 코늘리기 1, 짧은뜨기 4, 코늘리기 1, 짧은뜨기 28 [70코]
45~46단: 짧은뜨기 70 [70코]
47단: 짧은뜨기 4, 안 보이게 코줄이기 1, 짧은뜨기 27, 코늘리기 1, 짧은뜨기 6, 코늘리기 1, 짧은뜨기 27, 안 보이게 코줄이기 1 [70코]

48단: 짧은뜨기 70 [70코]
충전재를 단단히 채운다.
49단: 짧은뜨기 4, 안 보이게 코줄이기 1, 짧은뜨기 27, 코늘리기 1, 짧은뜨기 7, 코늘리기 1, 짧은뜨기 26, 안 보이게 코줄이기 1 [70코]
50단: 짧은뜨기 70 [70코]
51단: 짧은뜨기 4, 안 보이게 코줄이기 1, 짧은뜨기 26, 안 보이게 코줄이기 1, 짧은뜨기 7, 안 보이게 코줄이기 1, 짧은뜨기 25, 안 보이게 코줄이기 1 [66코]
52단: 짧은뜨기 30, 안 보이게 코줄이기 1, 짧은뜨기 7, 안 보이게 코줄이기 1, 짧은뜨기 25 [64코]
53단: 짧은뜨기 4, 안 보이게 코줄이기 1, 짧은뜨기 23, 안 보이게 코줄이기 1, 짧은뜨기 7, 안 보이게 코줄이기 1, 짧은뜨기 22, 안 보이게 코줄이기 1 [60코]
54단: 짧은뜨기 27, 안 보이게 코줄이기 1, 짧은뜨기 7, 안 보이게 코줄이기 1, 짧은뜨기 22 [58코]
55단: 짧은뜨기 4, 안 보이게 코줄이기 1, 짧은뜨기 20, 안 보이게 코줄이기 1, 짧은뜨기 7, 안 보이게 코줄이기 1, 짧은뜨기 19, 안 보이게 코줄이기 1 [54코]
56~57단: 짧은뜨기 54 [54코]
58단: (짧은뜨기 8, 코늘리기 1) × 6 [60코]
59단: 뒷고리 이랑뜨기로 (짧은뜨기 8, 안 보이게 코줄이기 1) × 6 [54코]
60단: (짧은뜨기 7, 안 보이게 코줄이기 1) × 6 [48코]
61단: (짧은뜨기 6, 안 보이게 코줄이기 1) × 6 [42코]
62단: (짧은뜨기 5, 안 보이게 코줄이기 1) × 6 [36코]
63단: (짧은뜨기 4, 안 보이게 코줄이기 1) × 6 [30코]
64단: (짧은뜨기 3, 안 보이게 코줄이기 1) × 6 [24코]
여기까지 충전재를 채운다.
65단: (짧은뜨기 2, 안 보이게 코줄이기 1) × 6 [18코]
66단: (짧은뜨기 1, 안 보이게 코줄이기 1) × 6 [12코]
67단: 안 보이게 코줄이기 6 [6코]
꼬리실을 남기고 끊는다. 남은 코의 앞고리에 실을 통과하여 잡아당겨 조인다. 실을 정리한다. 남은 실로 몸 아랫부분에서 뒤까지 꿰매어 공처럼 부풀지 않도록 하면 공작이 더 잘 앉아 있는 모양이 된다.
*선택: 몸의 59단 앞고리에 빼뜨기를 추가할 수 있다.

꼬리(3개) 실: 초록색, 파란색, 남색

긴 꼬리 깃털(3개) 실: 초록색

1단: 매직링에 짧은뜨기 6 [6코]
2단: 코늘리기 6 [12코]
3단: (짧은뜨기 1, 코늘리기 1) × 6 [18코]
4단: (짧은뜨기 2, 코늘리기 1) × 6 [24코]
5단: (짧은뜨기 3, 코늘리기 1) × 6 [30코]
6~11단: 짧은뜨기 30 [30코]
12단: (짧은뜨기 3, 안 보이게 코줄이기 1) × 6 [24코]

13~16단: 짧은뜨기 24 [24코]

17단: (짧은뜨기 2, 안 보이게 코줄이기 1) × 6 [18코]

18~21단: 짧은뜨기 18 [18코]

22단: (짧은뜨기 1, 안 보이게 코줄이기 1) × 6 [12코]

23~26단: 짧은뜨기 12 [12코]

27단: (짧은뜨기 1, 안 보이게 코줄이기 1) × 4 [8코]

28~30단: 짧은뜨기 8 [8코]

31단: 안 보이게 코줄이기 4 [4코]

꼬리실을 남기고 끊는다. 충전재를 채우지 않고, 납작하게 누른다.

중간 꼬리 깃털(2개) 실: 초록색

1단: 매직링에 짧은뜨기 5 [5코]

2단: 코늘리기 5 [10코]

3단: (짧은뜨기 1, 코늘리기 1) × 5 [15코]

4단: (짧은뜨기 2, 코늘리기 1) × 5 [20코]

5단: (짧은뜨기 3, 코늘리기 1) × 5 [25코]

6~10단: 짧은뜨기 25 [25코]

11단: (짧은뜨기 3, 안 보이게 코줄이기 1) × 5 [20코]

12~13단: 짧은뜨기 20 [20코]

14단: (짧은뜨기 2, 안 보이게 코줄이기 1) × 5 [15코]

15~16단: 짧은뜨기 15 [15코]

17단: (짧은뜨기 1, 안 보이게 코줄이기 1) × 5 [10코]

18~19단: 짧은뜨기 10 [10코]

20단: 안 보이게 코줄이기 5 [5코]

꼬리실을 남기고 끊는다. 충전재를 채우지 않고, 납작하게 누른다.

작은 꼬리 깃털(3개) 실: 파란색

1단: 매직링에 짧은뜨기 5 [5코]

2단: 코늘리기 5 [10코]

3단: (짧은뜨기 1, 코늘리기 1) × 5 [15코]

4~5단: 짧은뜨기 15 [15코]

6단: (짧은뜨기 1, 안 보이게 코줄이기 1) × 5 [10코]

7~8단: 짧은뜨기 10 [10코]

9단: 안 보이게 코줄이기 5 [5코]

꼬리실을 남기고 끊는다. 충전재를 채우지 않고, 납작하게 누른다.

원(파란색 2개, 남색 3개)

1단: 매직링에 짧은뜨기 5 [5코]

2단: 코늘리기 5 [10코]

꼬리실을 남기고 끊는다.

연결하기

- 3개의 남색 원을 작은 꼬리 깃털에 꿰맨다. 작은 꼬리 깃털을 큰 초록색 꼬리에 꿰맨다.(사진 2)
- 2개의 파란색 원을 2개의 중간 초록색 꼬리에 꿰맨다.
- 공작의 아랫부분에 큰 깃털을 꿰매고, 첫 번째 깃털은 중앙에, 나머지 2개는 그 양쪽 옆에 놓는다.(사진 3) 큰 깃털의 양쪽에 중간 초록색 깃털 2개를 단단히 꿰맨다.(사진 4)

등깃털 실: 파란색, 남색

아주 작은 등 깃털(파란색 1개, 남색 2개)

1~9단: 작은 꼬리 깃털의 패턴을 따른다.
꼬리실을 남기고 끊는다. 충전재를 채우지 않고, 납작하게 누른다.

작은 등 깃털(초록색 2개)

1단: 매직링에 짧은뜨기 5 [5코]
2단: 코늘리기 5 [10코]
3단: (짧은뜨기 1, 코늘리기 1) × 5 [15코]
4단: (짧은뜨기 2, 코늘리기 1) × 5 [20코]
5~7단: 짧은뜨기 20 [20코]
8단: (짧은뜨기 2, 안 보이게 코줄이기 1) × 5 [15코]
9~10단: 짧은뜨기 15 [15코]
11단: (짧은뜨기 1, 안 보이게 코줄이기 1) × 5 [10코]
12~13단: 짧은뜨기 10 [10코]
14단: 안 보이게 코줄이기 5 [5코]
꼬리실을 남기고 끊는다. 충전재를 채우지 않고, 납작하게 누른다.

연결하기

등의 중앙에 작은 깃털 2개를 꿰맨다. 그 앞에 나머지 깃털을 꿰맨다.

볏

큰 볏 실: 남색, 파란색

1단: 남색. 매직링에 짧은뜨기 5 [5코]
2단: 코늘리기 5 [10코]
3단: (짧은뜨기 1, 코늘리기 1) × 5 [15코]
4단: (짧은뜨기 2, 코늘리기 1) × 5 [20코]
5단: 짧은뜨기 20 [20코]
6단: 파란색. (짧은뜨기 2, 안 보이게 코줄이기 1) × 5 [15코]
7단: (짧은뜨기 1, 안 보이게 코줄이기 1) × 5 [10코]
8~10단: 짧은뜨기 10 [10코]
11단: 안 보이게 코줄이기 5 [5코]
꼬리실을 남기고 끊는다. 충전재를 채우지 않고, 납작하게 누른다.

작은 볏 (2개) 실: 남색, 파란색

1단: 남색. 매직링에 짧은뜨기 5 [5코]
2단: 코늘리기 5 [10코]
3단: (짧은뜨기 1, 코늘리기 1) × 5 [15코]
4단: 파란색. 짧은뜨기 15 [15코]
5단: (짧은뜨기 1, 안 보이게 코줄이기 1) × 5 [10코]
6~7단: 짧은뜨기 10 [10코]
8단: 안 보이게 코줄이기 5 [5코]
꼬리실을 남기고 끊는다. 충전재를 채우지 않고, 납작하게 누른다.

연결하기

머리 꼭대기 매직링에 큰 볏을 꿰맨다. 양쪽 옆에 작은 볏을 꿰맨다.

말 오틀리

by Crochetbykim
(Kim Bengtsson Friis)

난이도: ★
완성된 단: 24cm

준비물:
- 실: 베이지색, 연갈색, 진갈색, 흰색, 검정색, 분홍색(조금) 연회색(조금)
- 코바늘 4mm
- 인형눈 12mm
- 검정색 리본 20cm
- 가위
- 돗바늘
- 마커
- 충전재

코바늘 동물인형 갤러리
www.amigurumi.com/3014
작품을 올리고 영감을 얻으세요!

머리 실: 베이지색

1단: 매직링에 짧은뜨기 6 [6코]
2단: 코늘리기 6 [12코]
3단: (짧은뜨기 1, 코늘리기 1) × 6 [18코]
4단: (짧은뜨기 2, 코늘리기 1) × 6 [24코]
5단: (짧은뜨기 3, 코늘리기 1) × 6 [30코]
6단: (짧은뜨기 4, 코늘리기 1) × 6 [36코]
7단: (짧은뜨기 5, 코늘리기 1) × 6 [42코]
8단: (짧은뜨기 6, 코늘리기 1) × 6 [48코]
9단: (짧은뜨기 7, 코늘리기 1) × 6 [54코]

10단: (짧은뜨기 8, 코늘리기 1) × 6 [60코]
11~21단: 짧은뜨기 60 [60코]
충전재를 채운다. 머리의 15~16단 사이에 11코 간격을 두고 인형눈을 붙인다.
22단: (짧은뜨기 8, 안 보이게 코줄이기 1) × 6 [54코]
23단: (짧은뜨기 7, 안 보이게 코줄이기 1) × 6 [48코]
24단: (짧은뜨기 6, 안 보이게 코줄이기 1) × 6 [42코]
25단: (짧은뜨기 5, 안 보이게 코줄이기 1) × 6 [36코]
26단: (짧은뜨기 4, 안 보이게 코줄이기 1) × 6 [30코]
27단: (짧은뜨기 3, 안 보이게 코줄이기 1) × 6 [24코]
28단: (짧은뜨기 2, 안 보이게 코줄이기 1) × 6 [18코]
29단: (짧은뜨기 1, 안 보이게 코줄이기 1) × 6 [12코]
30단: 안 보이게 코줄이기 6 [6코]
실을 끊고 정리한다.

몸 실: 베이지색

1단: 매직링에 짧은뜨기 6 [6코]
2단: 코늘리기 6 [12코]
3단: (짧은뜨기 1, 코늘리기 1) × 6 [18코]
4단: (짧은뜨기 2, 코늘리기 1) × 6 [24코]
5단: (짧은뜨기 3, 코늘리기 1) × 6 [30코]
6단: (짧은뜨기 4, 코늘리기 1) × 6 [36코]
7단: (짧은뜨기 5, 코늘리기 1) × 6 [42코]
8단: (짧은뜨기 6, 코늘리기 1) × 6 [48코]
9단: (짧은뜨기 7, 코늘리기 1) × 6 [54코]
10~19단: 짧은뜨기 54 [54코]
20단: (짧은뜨기 7, 안 보이게 코줄이기 1) × 6 [48코]
21단: 짧은뜨기 48 [48코]
22단: (짧은뜨기 6, 안 보이게 코줄이기 1) × 6 [42코]
23단: 짧은뜨기 42 [42코]
24단: (짧은뜨기 5, 안 보이게 코줄이기 1) × 6 [36코]
25단: 짧은뜨기 36 [36코]
26단: (짧은뜨기 4, 안 보이게 코줄이기 1) × 6 [30코]
충전재를 채운다.
27단: 짧은뜨기 30 [30코]
28단: (짧은뜨기 3, 안 보이게 코줄이기 1) × 6 [24코]
29단: 짧은뜨기 24 [24코]
꼬리실을 남기고 끊는다.

주둥이 실: 흰색

1단: 사슬뜨기 9, 2번째 사슬코에서 시작하여 짧은뜨기 7, 다음 코에 짧은뜨기 4. 기초 사슬코의 반대쪽 고리에 짧은뜨기 6, 짧은뜨기 3 [20코]
2단: (코늘리기 1, 짧은뜨기 7, 코늘리기 1, 짧은뜨기 1) × 2 [24코]
3단: (코늘리기 1, 짧은뜨기 9, 코늘리기 1, 짧은뜨기 1) × 2 [28코]
4단: (코늘리기 1, 짧은뜨기 11, 코늘리기 1, 짧은뜨기 1) × 2 [32코]
5단: (코늘리기 1, 짧은뜨기 13, 코늘리기 1, 짧은뜨기 1) × 2 [36코]
6~8단: 짧은뜨기 36 [36코]
9단: 짧은뜨기 9, 사슬뜨기 7, 2번째 사슬코에서 시작하여 짧은뜨기 6, 짧은뜨기 27 [42코 + 사슬코 7코]

말 오뜔리 **129**

10단: 짧은뜨기 14, 코늘리기 2, 짧은뜨기 32 [50코]
꼬리실을 남기고 끊는다. 충전재를 채운다.

팔(2개) 실: 연갈색, 흰색, 베이지색
1단: 연갈색. 매직링에 짧은뜨기 6 [6코]
2단: 코늘리기 6 [12코]
3단: (짧은뜨기 1, 코늘리기 1) × 6 [18코]
4단: 뒷고리 이랑뜨기로 짧은뜨기 18 [18코]
5~8단: 짧은뜨기 18 [18코]
9~10단: 흰색. 짧은뜨기 18 [18코]
충전재를 채운다.
11단: 베이지색. (짧은뜨기 4, 안 보이게 코줄이기 1) × 3 [15코]
12~24단: 짧은뜨기 15 [15코]
25단: (짧은뜨기 3, 안 보이게 코줄이기 1) × 3 [12코]
꼬리실을 남기고 끊는다.

다리(2개) 실: 연갈색, 흰색, 베이지색
1단: 연갈색. 매직링에 짧은뜨기 6 [6코]
2단: 코늘리기 6 [12코]
3단: (짧은뜨기 1, 코늘리기 1) × 6 [18코]
4단: (짧은뜨기 2, 코늘리기 1) × 6 [24코]
5단: 뒷고리 이랑뜨기로 짧은뜨기 24 [24코]
6~8단: 짧은뜨기 24 [24코]
9~10단: 흰색. 짧은뜨기 24 [24코]
11단: 베이지색. (짧은뜨기 4, 안 보이게 코줄이기 1) × 4 [20코]
12~13단: 짧은뜨기 20 [20코]

14단: (짧은뜨기 3, 안 보이게 코줄이기 1) × 4 [16코]
15~16단: 짧은뜨기 16 [16코]
17단: (짧은뜨기 2, 안 보이게 코줄이기 1) × 4 [12코]
18~20단: 짧은뜨기 12 [12코]
꼬리실을 남기고 끊는다.

말발굽(2개) 실: 연회색
사슬뜨기 6. 첫 코에 빼뜨기하여 원을 만든다. 원이 꼬이지 않도록 한다.
매직링 안에 사슬뜨기 2, 두길긴뜨기 4, 한길긴뜨기 2, 두길긴뜨기 1, 한길긴뜨기 2, 두길긴뜨기 4, 사슬뜨기 2, 빼뜨기
꼬리실을 남기고 끊는다.

귀(2개) 실: 베이지색
1단: 매직링에 짧은뜨기 6 [6코]
2단: (짧은뜨기 1, 코늘리기 1) × 3 [9코]
3단: (짧은뜨기 2, 코늘리기 1) × 3 [12코]
4단: 짧은뜨기 12 [12코]
5단: (짧은뜨기 1, 코늘리기 1) × 6 [18코]
6~9단: 짧은뜨기 18 [18코]
10난: (짧은뜨기 1, 안 보이게 코줄이기 1) × 6 [12코]
11단: 짧은뜨기 12 [12코]
꼬리실을 남기고 끊는다. 충전재를 채우지 않는다.

굴레(2개) 실: 검정색
머리 굴레는 코 밴드와 머리 밴드 두 부분으로 만든다

코 밴드
사슬뜨기 36. 첫 코에 빼뜨기하여 원을 만든다. 원이 꼬이지 않도록 한다.
1단: 긴뜨기 36 [36코]
꼬리실을 남기고 끊는다.

머리 밴드
1단: 사슬뜨기 40, 2번째 사슬코에서 시작하여 긴뜨기 39 [39코]
꼬리실을 남기고 끊는다.

갈기 실: 진갈색, 연갈색
두 가지 색을 사용하여 갈기를 만든다. 20cm 길이로 색깔별로 144개 정도씩 사용한다. 한 코에 두 가닥의 실을 넣고 매듭을 지어 고정한다.(사진 1-3) 단마다 매듭을 9개씩 총 16단을 만든다. 머리 앞쪽 2단에서 시작하여 9단까지 작업한다. 머리 밴드를 붙일 2단을 건너뛰고 12~16단까지 작업한다.

꼬리 실: 진갈색, 연갈색
두 가지 색을 사용하여 갈기를 만든다. 50cm 길이로 색깔별로 25개 정도씩 사용한다. 한 코에 두 가닥의 실을 넣고 매듭을 지어 고정한다. 몸의 10~15단의 단마다 5개의 매듭을 만든다. 꼬리를 땋고 끝에 리본을 묶는다.

연결하기
- 머리를 몸에 붙인다.
- 머리의 17~27단 사이에 주둥이를 붙인다.
- 몸의 양쪽 옆 28~29단 사이에 팔을 붙인다.
- 다리를 몸에 붙인다.
- 귀의 바닥을 몇 땀을 꿰매어 모양을 유지한다. 귀를 머리 꼭대기에 꿰매고, 9~10단 사이에 붙인다.
- 굴레를 머리에 꿰맨다. 주둥이 주변에 코 밴드를 꿰맨다. 머리 밴드를 머리 주위에 핀으로 고정하여 꿰매고 양쪽 코 밴드에 연결한다.
- 다리에 말발굽을 붙인다.
- 검정색 실로 콧구멍과 눈썹을 수놓는다.
- 흰색 실로 눈 아래에 가로선을 수놓는다.
- 갈색 실로 배에 십자 모양의 배꼽을 수놓는다.
- 분홍색 실로 눈 아래에 수놓는다.

바다코끼리 카테리노

by Airali Design (Ilaria Caliri)

난이도: ★★
완성된 단: 13cm

준비물:
- 실: 갈색, 흰색 (조금), 파란색 (조금)
- 코바늘 2.5mm
- 인형눈 5mm
- 인형코 12mm
- 검정색 자수실
- 돗바늘
- 마커
- 충전재

코바늘 동물인형 갤러리
www.amigurumi.com/908
작품을 올리고 영감을 얻으세요!

머리 & 몸　실: 갈색

1단: 매직링에 짧은뜨기 6 [6코]
2단: 코늘리기 6 [12코]
3단: (짧은뜨기 1, 코늘리기 1) × 6 [18코]
4단: (짧은뜨기 2, 코늘리기 1) × 6 [24코]
5단: (짧은뜨기 3, 코늘리기 1) × 6 [30코]
6단: 짧은뜨기 30 [30코]
7단: (짧은뜨기 4, 코늘리기 1) × 6 [36코]
8~11단: 짧은뜨기 36 [36코]
12단: (짧은뜨기 5, 코늘리기 1) × 6 [42코]
13~18단: 짧은뜨기 42 [42코]
19단: (짧은뜨기 6, 코늘리기 1) × 6 [48코]
20단: 짧은뜨기 48 [48코]
21단: (짧은뜨기 7, 코늘리기 1) × 6 [54코]
22단: 짧은뜨기 54 [54코]
23단: (짧은뜨기 8, 코늘리기 1) × 6 [60코]
24~31단: 짧은뜨기 60 [60코]

11~12단 사이에 8코 간격을 두고 인형눈을 붙인다. 13~14단 사이에 인형코를 붙인다. 충전재를 채운다.

32단: (짧은뜨기 8, 안 보이게 코줄이기 1) × 6 [54코]

33~34단: 짧은뜨기 54 [54코]

35단: (짧은뜨기 7, 안 보이게 코줄이기 1) × 6 [48코]

36단: 짧은뜨기 48 [48코]

37단: (짧은뜨기 6, 안 보이게 코줄이기 1) × 6 [42코]

38단: (짧은뜨기 5, 안 보이게 코줄이기 1) × 6 [36코]

39단: (짧은뜨기 4, 안 보이게 코줄이기 1) × 6 [30코]

40단: (짧은뜨기 3, 안 보이게 코줄이기 1) × 6 [24코]

41단: (짧은뜨기 2, 안 보이게 코줄이기 1) × 6 [18코]

42단: (짧은뜨기 1, 안 보이게 코줄이기 1) × 6 [12코]

43단: 안 보이게 코줄이기 6 [6코]

빼뜨기한 후 실을 끊고 정리한다.

콧수염(2개) 실: 갈색

1단: 매직링에 짧은뜨기 6 [6코]

2단: 코늘리기 6 [12코]

3~4단: 짧은뜨기 12 [12코]

빼뜨기한 후 꼬리실을 남기고 끊는다. 충전재를 채운다.

송곳니(2개) 실: 흰색

1단: 매직링에 짧은뜨기 3 [3코]

2단: 코늘리기 1, 짧은뜨기 2 [4코]

3단: 코늘리기 1, 짧은뜨기 3 [5코]

4단: 코늘리기 1, 짧은뜨기 4 [6코]

5단: 짧은뜨기 6 [6코]

6단: 코늘리기 1, 짧은뜨기 5 [7코]

빼뜨기한 후 꼬리실을 남기고 끊는다. 충전재를 채우지 않는다.

지느러미 발(2개) 실: 갈색

1단: 매직링에 짧은뜨기 6 [6코]

2단: (짧은뜨기 2, 코늘리기 1) × 2 [8코]

3단: (짧은뜨기 3, 코늘리기 1) × 2 [10코]

4~5단: 짧은뜨기 1, 빼뜨기 5, 짧은뜨기 1, 한길긴뜨기 3 [10코]

6~7단: 짧은뜨기 10 [10코]

8단: (짧은뜨기 4, 코늘리기 1) × 2 [12코]

9~10단: 짧은뜨기 12 [12코]

11단: (짧은뜨기 4, 안 보이게 코줄이기 1) × 2 [10코]

12~13단: 짧은뜨기 10 [10코]

빼뜨기한 후 꼬리실을 남기고 끊는다. 납작하게 누른다. 충전재를 채우지 않는다.

꼬리 실: 갈색

2개의 꼬리 지느러미를 만들고 시작한다.

1단: 사슬뜨기 8, 2번째 사슬코에서 시작하여 짧은뜨기 6, 다음 코에 짧은뜨기 3, 기초 사슬코의 반대쪽 고리에 짧은뜨기 5, 코늘리기 1 [16코]

2~3단: 짧은뜨기 16 [16코]

4단: (안 보이게 코줄이기 1, 짧은뜨기 6) × 2 [14코]

5단: (안 보이게 코줄이기 1, 짧은뜨기 5) × 2 [12코]

6단: 짧은뜨기 12 [12코]

7단: (안 보이게 코줄이기 1, 짧은뜨기 4) × 2 [10코]

8단: 짧은뜨기 10 [10코]

빼뜨기한 후 첫 번째 지느러미는 실을 끊고 정리한다. 두 번째 지느러미는 실을 끊지 않는다. 납작하게 잡는다.(사진 1-2) 다음 단에서 연결한다.

9단: 첫 번째 지느러미에 짧은뜨기 4, 두 번째 지느러미에 짧은뜨기 9, 첫 번째 지느러미에 건너뛰기 1, 첫 번째 지느러미에 건너뛰기 1, 첫 번째 지느러미에 짧은뜨기 5 [18코] (사진 3-4)

10단: 코늘리기 1, (짧은뜨기 3, 코늘리기 1) × 2, 짧은뜨기 9 [21코]

11단: 짧은뜨기 21 [21코]

충전재를 채운다.

12단: 짧은뜨기 1, 코늘리기 1, (짧은뜨기 4, 코늘리기 1) × 2, 짧은뜨기 9 [24코]

13단: 짧은뜨기 24 [24코]

14단: 짧은뜨기 2, 코늘리기 1, (짧은뜨기 5, 코늘리기 1) × 2, 짧은뜨기 9 [27코]

15단: 짧은뜨기 27 [27코]

16단: 짧은뜨기 3, 코늘리기 1, (짧은뜨기 6, 코늘리기 1) × 2, 짧은뜨기 9 [30코]

17단: 짧은뜨기 4, 코늘리기 1, (짧은뜨기 7, 코늘리기 1) × 2, 짧은뜨기 9 [33코]

18단: 짧은뜨기 5, 코늘리기 1, (짧은뜨기 8, 코늘리기 1) × 2, 짧은뜨기 9 [36코]

19단: 짧은뜨기 6, 코늘리기 1, (짧은뜨기 9, 코늘리기 1) × 2, 짧은뜨기 9 [39코]

20단: 짧은뜨기 7, 코늘리기 1, (짧은뜨기 10, 코늘리기 1) × 2, 짧은뜨기 9 [42코]

21단: 짧은뜨기 8, 코늘리기 1, (짧은뜨기 11, 코늘리기 1) × 2, 짧은뜨기 9 [45코]

22단: 짧은뜨기 9, 코늘리기 1, (짧은뜨기 12, 코늘리기 1) × 2, 짧은뜨기 9 [48코]

23단: 짧은뜨기 10, 코늘리기 1, (짧은뜨기 13, 코늘리기 1) × 2,

짧은뜨기 9 [51코]
24단: 짧은뜨기 11, 코늘리기 1, (짧은뜨기 14, 코늘리기 1) × 2, 짧은뜨기 9 [54코]

빼뜨기한 후 꼬리실을 남기고 끊는다. 몸의 23~41단에 꼬리를 붙인다. 마무리하기 전에 충전재를 더 채운다. 갈색 실로 지느러미 틈새를 꿰매어 막는다.

모자 실: 흰색, 파란색
1단: 흰색. 매직링에 짧은뜨기 6 [6코]
2단: 코늘리기 6 [12코]
3~5단: 짧은뜨기 12 [12코]
6단: 앞고리 이랑뜨기로 (짧은뜨기 1, 코늘리기 1) × 6 [18코]
7단: 짧은뜨기 18 [18코]
8단: 파란색. 빼뜨기 18 [18코]

실을 끊고 정리한다. 충전재를 채우지 않는다.

스카프 실: 흰색, 파란색
1단: 사슬뜨기 22, 2번째 사슬코에서 시작하여 짧은뜨기 1, 사슬뜨기 1, 뒤집기 [1코]
2단: 코늘리기 1, 사슬뜨기 1, 뒤집기 [2코]
3단: 짧은뜨기 2, 사슬뜨기 1, 뒤집기 [2코]
4단: 코늘리기 1, 단 끝까지 짧은뜨기, 사슬뜨기 1, 뒤집기
5단: 단 끝까지 짧은뜨기 1, 사슬뜨기 1, 뒤집기
6~29단: 4~5단을 너비가 15코가 될 때까지 반복한다.
30단: 안 보이게 코줄이기 1, 단 끝까지 짧은뜨기, 사슬뜨기 1, 뒤집기

31단: 단 끝까지 짧은뜨기, 사슬뜨기 1, 뒤집기
32~55단: 30~31단을 2코 남을 때까지 반복한다.
56단: 건너뛰기 1, 짧은뜨기 1 [1코]

사슬뜨기 20, 사슬코 부분은 스카프를 묶는 부분이 된다. 파란색 실로 2줄 빼뜨기하여 경사면을 장식한다.

연결하기
- 몸의 25~26단 사이에 12코 간격을 두고 지느러미 발을 붙인다. 끝 부분이 땅에 닿도록 위치를 조정한다.
- 머리의 14~17단 사이, 코 아래에 콧수염을 붙인다.
- 콧수염 아래에 송곳니를 붙인다.
- 자수실로 팔에 닻을 수놓는다.
- 흰색 실로 머리에 모자를 붙인다.
- 목에 스카프를 두르고 양 끝을 묶는다.

— 긴 땀
• 프렌치 매듭

아귀 앙기

by Sundot Attack
(Jhak Stein)

난이도: ★★★
완성된 단: 11.5cm

준비물:
- 실: 연보라색, 보라색, 흰색(조금), 노란색(조금)
- 코바늘 3mm
- 인형눈 15mm
- 돗바늘
- 마커
- 파이프 클리너(털실 철사) 50cm
- 충전재

 코바늘 동물인형 갤러리
www.Amigurumi.com/3006
작품을 올리고 영감을 얻으세요!

입 실: 연보라색

1단: 매직링에 짧은뜨기 6 [6코]
2단: 코늘리기 6 [12코]
3단: (짧은뜨기 1, 코늘리기 1) × 6 [18코]
4단: (짧은뜨기 2, 코늘리기 1) × 6 [24코]
5단: (짧은뜨기 3, 코늘리기 1) × 6 [30코]
6단: (짧은뜨기 4, 코늘리기 1) × 6 [36코]
7단: (짧은뜨기 5, 코늘리기 1) × 6 [42코]
8단: (짧은뜨기 6, 코늘리기 1) × 6 [48코]
9단: (짧은뜨기 7, 코늘리기 1) × 6 [54코]
10단: (짧은뜨기 8, 코늘리기 1) × 6 [60코]
11단: 짧은뜨기 60 [60코]
꼬리실을 남기고 끊는다.

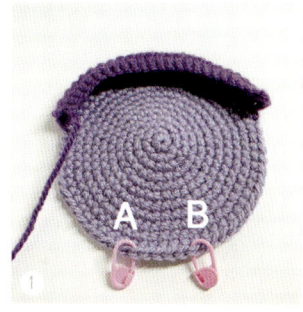   

입술 실: 보라색

입이 끝난 지점에서 실을 끌어올려 빼뜨기하고 시작한다.

1~4단: 짧은뜨기 24, 사슬뜨기 1, 뒤집기 [24코]
5단: 짧은뜨기 24 [24코]

꼬리실을 남기고 끊는다. 입술선에서 세어 오른쪽과 왼쪽의 16번째 코에 마커로 표시한다.(사진 1)

머리 & 몸 실: 연보라색

1단: 매직링에 짧은뜨기 6 [6코]
2단: 코늘리기 6 [12코]
3단: (코늘리기 1, 짧은뜨기 1) × 6 [18코]
4단: (코늘리기 1, 짧은뜨기 2) × 6 [24코]
5단: (코늘리기 1, 짧은뜨기 3) × 6 [30코]
6단: (코늘리기 1, 짧은뜨기 4) × 6 [36코]
7단: (코늘리기 1, 짧은뜨기 5) × 6 [42코]
8단: (코늘리기 1, 짧은뜨기 6) × 6 [48코]
9단: (코늘리기 1, 짧은뜨기 7) × 6 [54코]
10단: (코늘리기 1, 짧은뜨기 8) × 6 [60코]
11단: 짧은뜨기 60 [60코]
12단: (코늘리기 1, 짧은뜨기 5) × 6, (코늘리기 1, 짧은뜨기 3) × 6 [72코]
13~18단: 짧은뜨기 72 [72코]
19단: 짧은뜨기 20, 입술이 위로 가게 두고 입과 머리의 다음 코에서 왼쪽 마커에 바늘을 넣고 연결한다.(A 사진 1) 짧은뜨기 6 또는 오른쪽까지 뜬다.(B 사진 1) 몸에 계속해서 짧은뜨기 46 [72코]
20단: (안 보이게 코줄이기 1, 짧은뜨기 10) × 6 [66코]
21단: 짧은뜨기 5, (안 보이게 코줄이기 1, 짧은뜨기 4) × 6, 짧은뜨기 25 [60코]
22~24단: 짧은뜨기 60 [60코]

충전재를 채운다.

25단: 짧은뜨기 4, (안 보이게 코줄이기 1, 짧은뜨기 3) × 6, 짧은뜨기 26 [54코]
26~27단: 짧은뜨기 54 [54코]
28단: (안 보이게 코줄이기 1, 짧은뜨기 7) × 6 [48코]
29~30단: 짧은뜨기 48 [48코]
31단: (안 보이게 코줄이기 1, 짧은뜨기 6) × 6 [42코]
32단: 짧은뜨기 42 [42코]
33단: (안 보이게 코줄이기 1, 짧은뜨기 5) × 6 [36코]
34단: 짧은뜨기 36 [36코]
35단: (안 보이게 코줄이기 1, 짧은뜨기 4) × 6 [30코]
36~37단: 짧은뜨기 30 [30코]
38단: (안 보이게 코줄이기 1, 짧은뜨기 3) × 6 [24코]
39~40단: 짧은뜨기 24 [24코]
41단: (안 보이게 코줄이기 1, 짧은뜨기 2) × 6 [18코]
42단: 짧은뜨기 18 [18코]

꼬리실을 남기고 끊는다.(사진 2) 두툼한 입술을 만들기 위해 오른쪽 입술의 5단을 접어 1단에 꿰맨다.(사진 3) 실을 정리한다.

이빨 실: 흰색 2줄

1단: (사슬뜨기 5, 2번째 사슬코에서 시작하여 빼뜨기 1, 짧은뜨기 1, 긴뜨기 1, 한길긴뜨기 1, 사슬뜨기 6, 2번째 사슬코에서 시

 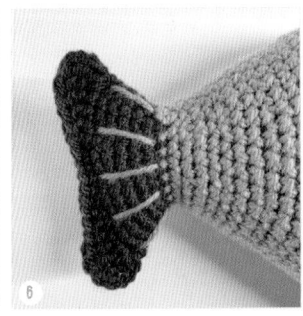  

작하여 빼뜨기 1, 짧은뜨기 1, 한길긴뜨기 1, 한길긴뜨기 2, 사슬뜨기 5, 2번째 사슬코에서 시작하여 빼뜨기 1, 짧은뜨기 1, 긴뜨기 1, 한길긴뜨기 1) × 2 [이빨 6개]

꼬리실을 남기고 끊는다. 입술 안쪽에 이를 꿰맨다.(사진 4)

연보라색 꼬리실로 입의 남은 부분을 머리에 꿰맨다.(사진 5)

꼬리 지느러미 실: 보라색

이전 끝난 지점에서 실을 끌어올려 빼뜨기하고 시작한다.

1단: 짧은뜨기 18 [18코]

2단: (코늘리기 1, 짧은뜨기 2) × 6 [24코]

3단: 짧은뜨기 24 [24코]

4단: (코늘리기 1, 짧은뜨기 3) × 6 [30코]

5~6단: 짧은뜨기 30 [30코]

꼬리 지느러미를 세로로 접는다. 충전재를 채운다. 필요하다면 모서리까지 짧은뜨기를 몇 코 한다. 다음 단에서 두 겹을 꿰매어 막는다.

7단: 사슬뜨기 4, 다음 코에 두길긴뜨기 2, 한길긴뜨기 2, 긴뜨기 2, 짧은뜨기 3, 긴뜨기 2, 한길긴뜨기 2, 두길긴뜨기 1, 2 두길긴뜨기 1, 사슬뜨기 4, 같은 코에 빼뜨기

실을 끊고 정리한다. 꼬리 지느러미 양쪽에 연보라색 실로 세로선을 5줄 수놓는다.(사진 6)

눈동자(2개) 실: 흰색

1단: 매직링에 짧은뜨기 8 [8코]

인형눈 기둥 크기의 구멍을 남기고 매직링을 조인다.

2단: 코늘리기 8 [16코]

3단: (안 보이게 코줄이기 1, 짧은뜨기 2) × 4 [12코]

꼬리실을 남기고 끊는다. 인형눈을 매직링 중앙에 넣는다. 실을 당겨 조인다.

눈꺼풀(2개) 실: 보라색

1단: 사슬뜨기 11, 2번째 사슬코에서 시작하여 짧은뜨기 10, 사슬뜨기 1, 뒤집기 [10코]

2단: 건너뛰기 1, 짧은뜨기 1, 긴뜨기 1, 짧은뜨기 4, 긴뜨기 1, 짧은뜨기 1 [8코]

꼬리실을 남기고 끊는다. 머리의 8~10단에 8코 간격을 두고 눈을 붙인다.(사진 7) 눈꺼풀의 곧은 쪽을 눈에 꿰매어 1/3 정도 덮는다.

등 지느러미 실: 보라색

사슬뜨기 32. 빼뜨기하여 원을 만든다. 원이 꼬이지 않도록 한다.

1~2단: 짧은뜨기 32, 빼뜨기, 사슬뜨기 1 [32코]

3단: (코늘리기 1, 짧은뜨기 7) × 4 [36코]

납작하게 누른다. 충전재를 채우지 않는다. 다음 단에서 두 겹을 꿰매어 막는다.

4단: 사슬뜨기 4, 다음 코에 두길긴뜨기 2, 한길긴뜨기 2, 긴뜨기 1, 다음 코에 빼뜨기, (사슬뜨기 4, 빼뜨기한 코에 두길긴뜨기 2, 한길긴뜨기 2, 긴뜨기 1, 다음 코에 빼뜨기) × 2, 사슬뜨기 4, 빼뜨기한 코에 두길긴뜨기 2, 한길긴뜨기 3 , 긴뜨기 1, 다음 코에 빼뜨기

꼬리실을 남기고 끊는다. 등지느러미 양쪽에 연보라색 실로 세로선을 4줄 수놓는다.(사진 8)

옆 지느러미(2개) 실: 연보라색, 보라색

길게 꼬리실을 남기고 시작한다.

사슬뜨기 12. 첫 코에 빼뜨기하여 원을 만든다. 원이 꼬이지 않도록 한다.

1단: 연보라색. 짧은뜨기 12, 빼뜨기, 사슬뜨기 1 [12코]

2~3단: 보라색. 짧은뜨기 12, 빼뜨기, 사슬뜨기 1 [12코]

4단: (코늘리기 1, 짧은뜨기 1) × 6, 빼뜨기, 사슬뜨기 1 [18코]

5~6단: 짧은뜨기 18, 빼뜨기, 사슬뜨기 1 [18코]

납작하게 누른다. 충전재를 채우지 않는다. 다음 단에서 두 겹을 꿰매어 막는다.

7단: 짧은뜨기 2, 긴뜨기 2, 한길긴뜨기 2, 다음 2코에 두길긴뜨기 2개씩, 사슬뜨기 4, 같은 코에 빼뜨기 [11코 + 사슬코 4코]

실을 끊고 정리한다. 남겨놓은 꼬리실로 옆 지느러미 양쪽에 연보라색 실로 4줄 수놓는다. 몸의 양쪽 옆 21단과 24단 사이에 지느러미를 붙인다.

에스카(발광체) & 촉수 실: 노란색, 연보라색

1단: 노란색. 매직링에 짧은뜨기 6 [6코]
2단: 코늘리기 6 [12코]
3단: (코늘리기 1, 짧은뜨기 1) × 6 [18코]
4~6단: 짧은뜨기 18 [18코]
7단: (안 보이게 코줄이기 1, 짧은뜨기 1) × 6 [12코]
8단: 짧은뜨기 12 [12코]
9단: (안 보이게 코줄이기 1, 짧은뜨기 1) × 4 [8코]
노란색 부분에 충전재를 채운다.
10단: 연보라색. 짧은뜨기 8 [8코]
11단: (안 보이게 코줄이기 1, 짧은뜨기 2) × 2 [6코]
12~41단: 짧은뜨기 6 [6코]
42단: (코늘리기 1, 짧은뜨기 1) × 3 [9코]
43~44단: 짧은뜨기 9 [9코]

꼬리실을 남기고 끊는다. 촉수에는 충전재를 채우지 않는다. 50cm의 털실 철사를 반으로 접는다. 끝부분을 접고 테이프로 감싸거나 실로 감싸 덮는다. 촉수 부분에 넣는다. 털실 철사의 다른 쪽 끝을 16~17단 사이의 머리 꼭대기를 통해 눈 사이 중앙에 넣는다. 에스카를 머리에 꿰매고 원하는 대로 구부린다.

수달 페리

by Irene Strange

난이도: ★
완성된 단: 20cm

준비물:
- 실: 파란색, 크림색, 갈색(조금), 하늘색, 분홍색
- 코바늘 3mm
- 인형눈 10mm
- 마커
- 돗바늘
- 충전재

코바늘 동물인형 갤러리
www.amigurumi.com/3011
작품을 올리고 영감을 얻으세요!

코 실: 갈색

1단: 매직링에 짧은뜨기 6 [6코]
2단: (다음 코에 짧은뜨기 3, 짧은뜨기 1) × 3 [12코]
3단: (짧은뜨기 1, 다음 코에 짧은뜨기 3, 짧은뜨기 2) × 3 [18코]
꼬리실을 남기고 끊는다.

머리 실: 파란색

1단: 매직링에 짧은뜨기 6 [6코]
2단: 코늘리기 6 [12코]
3단: (짧은뜨기 3, 코늘리기 3) × 2 [18코]
4단: 짧은뜨기 3, (코늘리기 1, 짧은뜨기 1) × 3, 짧은뜨기 3, (코늘리기 1, 짧은뜨기 1) × 3 [24코]
5단: 짧은뜨기 3, (짧은뜨기 2, 코늘리기 1) × 3, 짧은뜨기 3, (짧은뜨기 2, 코늘리기 1) × 3 [30코]

6단: 짧은뜨기 3, (짧은뜨기 3, 코늘리기 1) × 3, 짧은뜨기 3, (짧은뜨기 3, 코늘리기 1) × 3 [36코]

7단: 짧은뜨기 6, (짧은뜨기 2, 코늘리기 1) × 3, 짧은뜨기 9, (짧은뜨기 2, 코늘리기 1) × 3, 짧은뜨기 3 [42코]

8~17단: 짧은뜨기 42 [42코]

18단: 짧은뜨기 9, (안 보이게 코줄이기 1, 짧은뜨기 2) × 3, 짧은뜨기 9, (안 보이게 코줄이기 1, 짧은뜨기 2) × 3 [36코]

19단: 짧은뜨기 9, (짧은뜨기 1, 안 보이게 코줄이기 1) × 3, 짧은뜨기 9, (짧은뜨기 1, 안 보이게 코줄이기 1) × 3 [30코]

20단: (짧은뜨기 9, 안 보이게 코줄이기 3) × 2 [24코]
빼뜨기한 후 꼬리실을 남기고 끊는다.

볼(2개) 실: 크림색

1단: 매직링에 짧은뜨기 6 [6코]

2단: 코늘리기 6 [12코]

3단: (짧은뜨기 1, 코늘리기 1) × 6 [18코]

4단: 짧은뜨기 18 [18코]
꼬리실을 남기고 끊는다.

꼬리 & 몸 실: 파란색

1단: 매직링에 짧은뜨기 6 [6코]

2단: 짧은뜨기 6 [6코]

3단: 코늘리기 1, 짧은뜨기 5 [7코]

4단: 짧은뜨기 7 [7코]

5단: 코늘리기 1, 짧은뜨기 6 [8코]

6단: 짧은뜨기 8 [8코]

7단: (코늘리기 1, 짧은뜨기 3) × 2 [10코]

8단: 짧은뜨기 10 [10코]

9단: (코늘리기 1, 짧은뜨기 4) × 2 [12코]

10단: 짧은뜨기 12 [12코]

11단: (코늘리기 1, 짧은뜨기 5) × 2 [14코]

12단: 짧은뜨기 14 [14코]

13단: (코늘리기 1, 짧은뜨기 6) × 2 [16코]

14~15단: 짧은뜨기 16 [16코]

16단: (코늘리기 1, 짧은뜨기 7) × 2 [18코]

17~19단: 짧은뜨기 18 [18코]

20단: 코늘리기 6, 짧은뜨기 12 [24코]

21단: (코늘리기 1, 짧은뜨기 1) × 6, 짧은뜨기 12 [30코]

22단: (짧은뜨기 4, 코늘리기 1) × 6 [36코]

23단: (짧은뜨기 5, 코늘리기 1) × 6 [42코]

24단: (짧은뜨기 6, 코늘리기 1) × 6 [48코]

25~30단: 짧은뜨기 48 [48코]

31단: (안 보이게 코줄이기 1, 짧은뜨기 1) × 6, 짧은뜨기 3, (짧은뜨기 1, 안 보이게 코줄이기 1) × 6, 짧은뜨기 9 [36코]

32~49단: 짧은뜨기 36 [36코]

50단: 안 보이게 코줄이기 6, 짧은뜨기 4, 안 보이게 코줄이기 6, 짧은뜨기 8 [24코]

51단: 짧은뜨기 24 [24코]

52단: 빼뜨기 24 [24코]
실을 끊고 정리한다.

팔(2개) 실: 파란색

1단: 매직링에 짧은뜨기 6 [6코]
2단: 코늘리기 6 [12코]
3~8단: 짧은뜨기 12 [12코]
다음 단에서 위쪽 팔을 만들기 시작한다.
9단: 사슬뜨기 9, 건너뛰기 9, 짧은뜨기 3 [사슬코 9코 + 3코]
10~13단: 짧은뜨기 12 [12코]
꼬리실을 남기고 끊는다.

다리(2개) 실: 파란색

1단: 매직링에 짧은뜨기 6 [6코]
2단: 코늘리기 6 [12코]
3~8단: 짧은뜨기 12 [12코]
꼬리실을 남기고 끊는다.

귀(2개) 실: 파란색

1단: 매직링에 짧은뜨기 5 [5코]
2단: 코늘리기 5 [10코]
3~5단: 짧은뜨기 10 [10코]
꼬리실을 남기고 끊는다.

배 실: 크림색

1단: 매직링에 짧은뜨기 6 [6코]
2단: 코늘리기 6 [12코]
3단: (짧은뜨기 3, 코늘리기 3) × 2 [18코]
4단: 짧은뜨기 3, (코늘리기 1, 짧은뜨기 1) × 3, 짧은뜨기 3, (코늘리기 1, 짧은뜨기 1) × 3 [24코]
5단: 짧은뜨기 3, (짧은뜨기 2, 코늘리기 1) × 3, 짧은뜨기 3, (짧은뜨기 2, 코늘리기 1) × 3 [30코]
6단: 짧은뜨기 30 [30코]
꼬리실을 남기고 끊는다.

조개껍데기(분홍색/하늘색 1개, 크림색 1개)

1단: 매직링에 짧은뜨기 6 [6코]
2단: (다음 코에 짧은뜨기 3, 짧은뜨기 1) × 3 [12코]
3단: (짧은뜨기 1, 다음 코에 짧은뜨기 3, 짧은뜨기 2) × 3 [18코]
4단: (짧은뜨기 2, 다음 코에 짧은뜨기 3, 짧은뜨기 3) × 3 [24코]
5단: (짧은뜨기 3, 다음 코에 짧은뜨기 3, 짧은뜨기 4) × 3 [30코]
6~7단: 짧은뜨기 30 [30코]
꼬리실을 남기고 끊는다.

연결하기

- 13~14단 사이에 1코의 간격을 두고 인형눈을 붙인다.
- 머리와 몸에 충전재를 채운다. 몸과 머리를 연결한다.(사진 1)
- 13~17단 사이에 볼을 꿰맨다. 마무리하기 전에 충전재를 더 채운다.(사진 2)
- 5~9단 사이에 중앙을 따라 머리 꼭대기까지 귀를 붙인다.
- 볼 위에 코를 꿰매고 볼 위쪽과 맞닿게 한다.(사진 3)
- 몸 앞쪽에 배를 붙인다.(사진 4)
- 다리에 충전재를 채운다. 몸의 23~27단 사이에 6코 간격을 두고 붙인다.
- 팔에 충전재를 채운다. 몸의 43~47단 사이에 붙인다.
- 파란색 실을 사용해서 팔의 윗부분을 바닥 위로 꿰매어 팔이 접히도록 한다.(사진 5-7)
- 갈색 실로 입, 주근깨, 발톱을 수놓는다. 발톱은 프렌치 스티치로 만들거나 코를 겹쳐 만들 수 있다.(사진 8): 발 위에 가로로 짧게 3개의 땀을 뜨고 세로로 2개의 땀을 뜬다. 마지막 몇 개의 땀 위에 짧게 1땀을 떠서 만든다.
- 조개껍데기: 만들어 둔 2개의 조각을 연결한다. 마무리하기 전에 충전재를 더 채운다. 남은 실로 중앙에서 가장자리를 따라 다른 쪽으로 2개의 실을 당겨 세 부분으로 나눈다. 실 끝을 단단히 당겨서 굴곡이 생기게 한다. 남은 꼬리실로 좁은 부분 주위에 감고 단단히 당겨서 완성한다.

펭귄 윌버

by Patchwork Moose (Kate E. Hancock)

난이도: ★★
완성된 단: 15cm

준비물:
- 실: 검정색, 주황색, 흰색
- 코바늘 3.5mm
- 인형눈 20mm
- 마커
- 돗바늘
- 충전재

코바늘 동물인형 갤러리
www.amigurumi.com/304
작품을 올리고 영감을 얻으세요!

머리 실: 검정색

1단: 매직링에 짧은뜨기 6 [6코]
2단: 코늘리기 6 [12코]
3단: (짧은뜨기 1, 코늘리기 1) × 6 [18코]
4단: (짧은뜨기 2, 코늘리기 1) × 6 [24코]
5단: (짧은뜨기 3, 코늘리기 1) × 6 [30코]
6단: 짧은뜨기 30 [30코]
7단: (짧은뜨기 4, 코늘리기 1) × 6 [36코]
8단: 짧은뜨기 36 [36코]
9단: (짧은뜨기 5, 코늘리기 1) × 6 [42코]
10~12단: 짧은뜨기 42 [42코]
13단: (짧은뜨기 5, 안 보이게 코줄이기 1) × 6 [36코]
14단: (짧은뜨기 4, 안 보이게 코줄이기 1) × 6 [30코]
15단: (짧은뜨기 3, 안 보이게 코줄이기 1) × 6 [24코]
16단: (짧은뜨기 2, 안 보이게 코줄이기 1) × 6 [18코]
꼬리실을 남기고 끊는다. 충전재를 단단하게 채운다.

눈(2개) 실: 흰색

1단의 2번째 코에 마커를 건다. 여기가 눈의 위치가 된다.
1단: 매직링에 짧은뜨기 6 [6코]
2단: (짧은뜨기 1, 코늘리기 1) × 3 [9코]
3단: (짧은뜨기 1, 코늘리기 2) × 3 [15코]
4단: (짧은뜨기 2, 코늘리기 2, 짧은뜨기 1) × 3 [21코]
꼬리실을 남기고 끊는다.

오른쪽 눈꺼풀 실: 흰색

1단: 사슬뜨기 7, 2번째 사슬코에서 시작하여 짧은뜨기 1, 긴뜨기 1, 한길긴뜨기 1, 긴뜨기 1, 짧은뜨기 1, 빼뜨기 [6코]

꼬리실을 남기고 끊는다.

왼쪽 눈꺼풀 실: 흰색

1단: 사슬뜨기 7, 2번째 사슬코에서 시작하여 빼뜨기 1, 짧은뜨기 1, 긴뜨기 1, 한길긴뜨기 1, 긴뜨기 1, 짧은뜨기 1 [6코]

꼬리실을 남기고 끊는다.

부리 실: 주황색

1단: 매직링에 짧은뜨기 6 [6코]

2단: (짧은뜨기 1, 코늘리기 2) × 2 [10코]

3~4단: 짧은뜨기 10 [10코]

꼬리실을 남기고 끊는다.

몸 실: 검정색

1단: 매직링에 짧은뜨기 6 [6코]

2단: 코늘리기 6 [12코]

3단: (짧은뜨기 1, 코늘리기 1) × 6 [18코]

4단: (짧은뜨기 2, 코늘리기 1) × 6 [24코]

5단: (짧은뜨기 3, 코늘리기 1) × 6 [30코]

6단: (짧은뜨기 4, 코늘리기 1) × 6 [36코]

7단: (짧은뜨기 5, 코늘리기 1) × 6 [42코]

8~12단: 짧은뜨기 42 [42코]

13단: (짧은뜨기 5, 안 보이게 코줄이기 1) × 6 [36코]

14단: 짧은뜨기 36 [36코]

15단: (짧은뜨기 4, 안 보이게 코줄이기 1) × 6 [30코]

16단: 짧은뜨기 30 [30코]

17단: (짧은뜨기 3, 안 보이게 코줄이기 1) × 6 [24코]

18단: 짧은뜨기 24 [24코]

19단: (짧은뜨기 2, 안 보이게 코줄이기 1) × 6 [18코]

20단: 짧은뜨기 18 [18코]

실을 끊고 정리한다. 충전재를 단단하게 채운다.

날개(2개) 실: 검정색

1단: 매직링에 짧은뜨기 6 [6코]

2단: 짧은뜨기 6 [6코]

3단: 코늘리기 6 [12코]

4~5단: 안 보이게 코줄이기 2, 짧은뜨기 3, 코늘리기 2, 짧은뜨기 3 [12코]

6단: 짧은뜨기 12 [12코]

7단: 짧은뜨기 4, 코늘리기 6, 짧은뜨기 2 [18코]

8~17단: 짧은뜨기 18 [18코]

18단: (짧은뜨기 1, 안 보이게 코줄이기 1) × 6 [12코]

꼬리실을 남기고 끊는다. 충전재를 채우지 않는다.

꼬리 실: 검정색

1단: 매직링에 짧은뜨기 6 [6코]

2단: 짧은뜨기 6 [6코]

3단: 코늘리기 6 [12코]

4단: 짧은뜨기 12 [12코]
5단: (짧은뜨기 1, 코늘리기 1) × 6 [18코]
6단: 짧은뜨기 18 [18코]
꼬리실을 남기고 끊는다. 충전재를 채운다.

배 실: 흰색
1단: 매직링에 짧은뜨기 6 [6코]
2단: 코늘리기 6 [12코]
3단: (짧은뜨기 1, 코늘리기 1) × 6 [18코]
4단: (짧은뜨기 2, 코늘리기 1) × 6 [24코]
5단: (짧은뜨기 3, 코늘리기 1) × 6 [30코]
6단: (짧은뜨기 4, 코늘리기 1) × 6 [36코]
꼬리실을 남기고 끊는다.

발(2개) 실: 주황색
발은 발가락 부분부터 시작한다.
1단: 사슬뜨기 6, 2번째 사슬코에서 시작하여 1코에 짧은뜨기 3, 짧은뜨기 3, 다음 코에 짧은뜨기 3, 기초 사슬코의 반대쪽 고리에 짧은뜨기 3 [12코]
2단: (코늘리기 1, 짧은뜨기 1, 코늘리기 1, 짧은뜨기 3) × 2 [16코]
3단: (짧은뜨기 1, 코늘리기 1, 짧은뜨기 1, 코늘리기 1, 짧은뜨기 4) × 2 [20코]
4~5단: 짧은뜨기 20 [20코]
6단: (짧은뜨기 2, 안 보이게 코줄이기 1) × 5 [15코]
7~8단: 짧은뜨기 15 [15코]
충전재를 채운다.
9단: (짧은뜨기 1, 안 보이게 코줄이기 1) × 5 [10코]
10~11단: 짧은뜨기 10 [10코]
꼬리실을 남기고 끊는다. 납작하게 잡고 입구를 막는다. 꼬리실을 남기고 끊는다.

발 모양 만들기 실: 주황색
돗바늘과 실로 발가락 3개를 만든다. 발의 1/3 지점에서 바늘을 앞에서 넣어 뒤로 뺀다. 세로선이 생기도록 다시 바늘을 같은 위치에 넣는다. 가로선이 생기도록 다시 바늘을 같은 위치에 넣고 단단히 잡아당긴다. 이 과정을 반복해서 3개의 발가락 모양이 되도록 한다. (사진 1) 실을 끊고 정리한다.

연결하기
- 눈의 1단 표시해 둔 곳에 인형눈을 붙인다. 이렇게 하면 눈이 삼각형의 한쪽 모서리에 약간 더 가깝다. 이 모서리를 부리가 있는 머리 중앙에 가장 가깝게 놓는다. 눈을 머리의 10~11단 사이의 눈 기둥 뒤쪽에 9코의 간격을 두고 붙인다. 눈꺼풀을 꿰매고 눈꺼풀의 둥근 면이 눈 주위로 휘어지도록 한다.
- 부리에 충전재를 채우되 타원형 모양으로 만든다. 부리의 윗부분을 머리의 11단에 맞추어 붙인다.
- 목 가장자리를 따라 꿰매어 몸을 머리에 붙인다.
- 날개를 목선의 몸 옆쪽에 꿰매고 곡선 면이 뒤로 향하게 한다.
- 배의 아랫부분을 몸의 6단에 맞추어 붙인다.
- 꼬리를 타원형으로 눌러 뒤쪽에 붙인다.
- 발을 몸 앞부분에 붙인다. 발가락이 살짝 밖을 향하게 하고 스스로 앉을 수 있도록 마무리한다.

캥거루 마마 & 모모

by DIY Fluffies
(Mariska Vos-Bolman)

난이도: ★
완성된 단: 25cm

준비물:
- 실: 적갈색, 베이지색, 검정색(조금)
- 코바늘 2.5mm
- 인형눈 (마마 11mm 모모 6mm)
- 돗바늘
- 핀
- 미기
- 충전재

코바늘 동물인형 갤러리
www.amigurumi.com/3406
작품을 올리고 영감을 얻으세요!

엄마 캥거루 마마

머리 & 몸 실: 적갈색

1단: 매직링에 짧은뜨기 6 [6코]
2단: 코늘리기 6 [12코]
3단: (짧은뜨기 1, 코늘리기 1) × 6 [18코]
4단: (짧은뜨기 2, 코늘리기 1) × 6 [24코]
5단: (짧은뜨기 3, 코늘리기 1) × 6 [30코]
6단: 짧은뜨기 30 [30코]
7단: (짧은뜨기 4, 코늘리기 1) × 6 [36코]
8단: 짧은뜨기 36 [36코]
9단: (짧은뜨기 5, 코늘리기 1) × 6 [42코]
10단: 짧은뜨기 42 [42코]
11단: (짧은뜨기 6, 코늘리기 1) × 6 [48코]

12단: 짧은뜨기 48 [48코]
13단: (짧은뜨기 7, 코늘리기 1) × 6 [54코]
14~20단: 짧은뜨기 54 [54코]
14~15단 사이에 16코의 간격을 두고 인형눈을 붙인다.
21단: (짧은뜨기 7, 안 보이게 코줄이기 1) × 6 [48코]
22단: 짧은뜨기 48 [48코]
23단: (짧은뜨기 6, 안 보이게 코줄이기 1) × 6 [42코]
24단: 짧은뜨기 42 [42코]
25단: (짧은뜨기 5, 안 보이게 코줄이기 1) × 6 [36코]
26단: (짧은뜨기 4, 안 보이게 코줄이기 1) × 6 [30코]
27단: 짧은뜨기 30 [30코]
28단: (짧은뜨기 3, 안 보이게 코줄이기 1) × 6 [24코]
29~30단: 짧은뜨기 24 [24코]
31단: (짧은뜨기 3, 코늘리기 1) × 6 [30코]
32단: 짧은뜨기 30 [30코]
33단: (짧은뜨기 4, 코늘리기 1) × 6 [36코]
34~35단: 짧은뜨기 36 [36코]

36단: (짧은뜨기 5, 코늘리기 1) × 6 [42코]
37~38단: 짧은뜨기 42 [42코]
39단: (짧은뜨기 6, 코늘리기 1) × 6 [48코]
40~41단: 짧은뜨기 48 [48코]
충전재를 채운다.
42단: (짧은뜨기 7, 코늘리기 1) × 6 [54코]
43~49단: 짧은뜨기 54 [54코]
50단: (짧은뜨기 7, 안 보이게 코줄이기 1) × 6 [48코]
51단: 짧은뜨기 48 [48코]
52단: (짧은뜨기 6, 안 보이게 코줄이기 1) × 6 [42코]
53단: 짧은뜨기 42 [42코]
54단: (짧은뜨기 5, 안 보이게 코줄이기 1) × 6 [36코]
55단: (짧은뜨기 4, 안 보이게 코줄이기 1) × 6 [30코]
56단: (짧은뜨기 3, 안 보이게 코줄이기 1) × 6 [24코]
57단: (짧은뜨기 2, 안 보이게 코줄이기 1) × 6 [18코]
58단: (짧은뜨기 1, 안 보이게 코줄이기 1) × 6 [12코]
59단: 안 보이게 코줄이기 6 [6코]
꼬리실을 남기고 끊는다. 남은 코의 앞고리에 실을 통과하여 잡아당겨 조인다. 실을 정리한다.

주둥이 실: 적갈색

1단: 매직링에 짧은뜨기 6 [6코]
2단: 코늘리기 6 [12코]
3단: 짧은뜨기 12 [12코]
4단: (짧은뜨기 1, 코늘리기 1) × 6 [18코]
5단: (짧은뜨기 2, 코늘리기 1) × 6 [24코]
6단: 짧은뜨기 24 [24코]
7단: (짧은뜨기 3, 코늘리기 1) × 6 [30코]
8단: 짧은뜨기 30 [30코]
9단: (짧은뜨기 4, 코늘리기 1) × 6 [36코]
10~11단: 짧은뜨기 36 [36코]
12단: (짧은뜨기 5, 코늘리기 1) × 6 [42코]

13단: 짧은뜨기 42 [42코]
14단: (짧은뜨기 6, 코늘리기 1) × 6 [48코]
빼뜨기한 후 꼬리실을 남기고 끊는다. 충전재를 채운다. 9~28단 눈 사이에 붙인다.

코 실: 검정색
1단: 매직링에 짧은뜨기 6 [6코]
2단: (짧은뜨기 1, 코늘리기 1) × 3 [9코]
3단: 짧은뜨기 9 [9코]
빼뜨기한 후 꼬리실을 남기고 끊는다. 주둥이의 꼭대기 1~3단에 붙인다.

바깥쪽 귀(2개) 실: 적갈색
1단: 매직링에 짧은뜨기 6 [6코]
2단: 코늘리기 6 [12코]

3단: 짧은뜨기 12 [12코]
4단: (짧은뜨기 1, 코늘리기 1) × 6 [18코]
5단: 짧은뜨기 18 [18코]
6단: (짧은뜨기 2, 코늘리기 1) × 6 [24코]
7~10단: 짧은뜨기 24 [24코]
11단: (짧은뜨기 6, 안 보이게 코줄이기 1) × 3 [21코]
12단: 짧은뜨기 21 [21코]
13단: (짧은뜨기 5, 안 보이게 코줄이기 1) × 3 [18코]
14~15단: 짧은뜨기 18 [18코]
빼뜨기한 후 꼬리실을 남기고 끊는다. 충전재를 채우지 않는다. 납작하게 누른다.

안쪽 귀(2개) 실: 베이지색
1단: 매직링에 짧은뜨기 6 [6코]
2단: 코늘리기 6 [12코]
3단: (짧은뜨기 1, 코늘리기 1) × 2, 긴뜨기 1, 긴뜨기 1 + 한길 긴뜨기 1 + 긴뜨기 1, 긴뜨기 1, 코늘리기 1, (짧은뜨기 1, 코늘리기 1) × 2 [19코]
빼뜨기한 후 꼬리실을 남기고 끊는다. 5~15단 사이에 바깥쪽 귀에 꿰맨다. 2~10단 사이 머리 옆쪽에 귀를 붙인다.

배 실: 베이지색
1단: 사슬뜨기 2, 2번째 사슬코에 짧은뜨기 3, 사슬뜨기 1, 뒤집기 [3코]
2단: 코늘리기 3, 사슬뜨기 1, 뒤집기 [6코]
3단: 짧은뜨기 1, 코늘리기 1, 짧은뜨기 2, 코늘리기 1, 짧은뜨기 1, 사슬뜨기 1, 뒤집기 [8코]
4단: 짧은뜨기 2, 코늘리기 1, 짧은뜨기 2, 코늘리기 1, 짧은뜨기 2, 사슬뜨기 1, 뒤집기 [10코]
5단: 짧은뜨기 2, 코늘리기 1, 짧은뜨기 4, 코늘리기 1, 짧은뜨기 2, 사슬뜨기 1, 뒤집기 [12코]
6단: 짧은뜨기 3, 코늘리기 1, 짧은뜨기 4, 코늘리기 1, 짧은뜨기 3, 사슬뜨기 1, 뒤집기 [14코]
7단: 짧은뜨기 14, 사슬뜨기 1, 뒤집기 [14코]
8단: 짧은뜨기 3, 코늘리기 1, 짧은뜨기 6, 코늘리기 1, 짧은뜨기

3, 사슬뜨기 1, 뒤집기 [16코]

9~14단: 짧은뜨기 16, 사슬뜨기 1, 뒤집기 [16코]

15단: 짧은뜨기 3, 안 보이게 코줄이기 1, 짧은뜨기 6, 안 보이게 코줄이기 1, 짧은뜨기 3, 사슬뜨기 1, 뒤집기 [14코]

16단: 짧은뜨기 14, 사슬뜨기 1, 뒤집기 [14코]

17단: 짧은뜨기 3, 안 보이게 코줄이기 1, 짧은뜨기 4, 안 보이게 코줄이기 1, 짧은뜨기 3, 사슬뜨기 1, 뒤집기 [12코]

18단: 짧은뜨기 12, 사슬뜨기 1, 뒤집기 [12코]

19단: 짧은뜨기 2, 안 보이게 코줄이기 1, 짧은뜨기 4, 안 보이게 코줄이기 1, 짧은뜨기 2, 사슬뜨기 1, 뒤집기 [10코]

20~22단: 짧은뜨기 10, 사슬뜨기 1, 뒤집기 [10코]

23단: 짧은뜨기 1, 안 보이게 코줄이기 1, 짧은뜨기 4, 안 보이게 코줄이기 1, 짧은뜨기 1, 사슬뜨기 1, 뒤집기 [8코]

24단: 짧은뜨기 8, 사슬뜨기 1, 뒤집기 [8코]

25단: 안 보이게 코줄이기 1, 짧은뜨기 4, 안 보이게 코줄이기 1, 사슬뜨기 1, 뒤집기 [6코]

26단: 안 보이게 코줄이기 1, 짧은뜨기 2, 안 보이게 코줄이기 1, 사슬뜨기 1, 뒤집기 [4코]

27단: 안 보이게 코줄이기 2, 뒤집기 [2코]

28단: 건너뛰기 1, 빼뜨기 [1코]

꼬리실을 남기고 끊는다. 31~57단 사이에 몸에 붙인다.

주머니 실: 베이지색

1단: 사슬뜨기 2, 2번째 사슬코에 짧은뜨기 3, 사슬뜨기 1, 뒤집기 [3코]

2단: 코늘리기 3, 사슬뜨기 1, 뒤집기 [6코]

3단: 짧은뜨기 1, 코늘리기 1, 짧은뜨기 2, 코늘리기 1, 짧은뜨기 1, 사슬뜨기 1, 뒤집기 [8코]

4단: 짧은뜨기 2, 코늘리기 1, 짧은뜨기 2, 코늘리기 1, 짧은뜨기 2, 사슬뜨기 1, 뒤집기 [10코]

5단: 짧은뜨기 2, 코늘리기 1, 짧은뜨기 4, 코늘리기 1, 짧은뜨기 2, 사슬뜨기 1, 뒤집기 [12코]

6단: 짧은뜨기 3, 코늘리기 1, 짧은뜨기 4, 코늘리기 1, 짧은뜨기 3, 사슬뜨기 1, 뒤집기 [14코]

7단: 짧은뜨기 3, 코늘리기 1, 짧은뜨기 6, 코늘리기 1, 짧은뜨기 3, 사슬뜨기 1, 뒤집기 [16코]

8단: 짧은뜨기 4, 코늘리기 1, 짧은뜨기 6, 코늘리기 1, 짧은뜨기 4, 사슬뜨기 1, 뒤집기 [18코]

9단: 짧은뜨기 18, 사슬뜨기 1, 뒤집기 [18코]

10단: 짧은뜨기 4, 코늘리기 1, 짧은뜨기 8, 코늘리기 1, 짧은뜨기 4, 사슬뜨기 1, 뒤집기 [20코]

11~15단: 짧은뜨기 20 [20코]

빼뜨기한 후 꼬리실을 남기고 끊는다. 배 아랫부분에 주머니를 붙인다. 윗부분은 꿰매지 않는다.

팔(2개) 실: 적갈색

1단: 매직링에 짧은뜨기 6 [6코]

2단: 코늘리기 6 [12코]

3~5단: 짧은뜨기 12 [12코]

6단: (짧은뜨기 2, 안 보이게 코줄이기 1) × 3 [9코]

7~13단: 짧은뜨기 9 [9코]

충전재를 채운다.

14단: (짧은뜨기 1, 안 보이게 코줄이기 1) × 3 [6코]

꼬리실을 남기고 끊는다. 남은 코의 앞고리에 실을 통과하여 잡아당겨 조인다. 실을 정리한다. 몸의 34~35단에 팔을 붙인다.

발(2개) 실: 적갈색

1단: 매직링에 짧은뜨기 6 [6코]

2단: 코늘리기 6 [12코]

3단: (짧은뜨기 1, 코늘리기 1) × 6 [18코]

4~7단: 짧은뜨기 18 [18코]

8단: (짧은뜨기 4, 안 보이게 코줄이기 1) × 3 [15코]

9~15단: 짧은뜨기 15 [15코]

충전재를 채운다.

16단: (짧은뜨기 3, 안 보이게 코줄이기 1) × 3 [12코]

17단: 안 보이게 코줄이기 6 [6코]

꼬리실을 남기고 끊는다. 남은 코의 앞고리에 실을 통과하여 잡아당겨 조인다. 실을 정리한다.

다리 실: 적갈색

1단: 매직링에 짧은뜨기 6 [6코]
2단: 코늘리기 6 [12코]
3단: (짧은뜨기 1, 코늘리기 1) × 6 [18코]
4단: (짧은뜨기 2, 코늘리기 1) × 6 [24코]
5~6단: 짧은뜨기 24 [24코]
7단: (짧은뜨기 3, 코늘리기 1) × 6 [30코]
8단: 짧은뜨기 30 [30코]
9단: (짧은뜨기 4, 코늘리기 1) × 6 [36코]
10~11단: 짧은뜨기 36 [36코]
12단: (짧은뜨기 4, 안 보이게 코줄이기 1) × 6 [30코]
13단: (짧은뜨기 3, 안 보이게 코줄이기 1) × 6 [24코]
14단: 짧은뜨기 24 [24코]
15단: (짧은뜨기 2, 안 보이게 코줄이기 1) × 6 [18코]
16단: (짧은뜨기 1, 안 보이게 코줄이기 1) × 6 [12코]

빼뜨기한 후 꼬리실을 남기고 끊는다. 충전재를 채운다. 몸의 41~53단 사이에 붙인다.

꼬리 실: 적갈색

1단: 매직링에 짧은뜨기 4 [4코]
2단: 코늘리기 4 [8코]
3~4단: 짧은뜨기 8 [8코]
5단: 짧은뜨기 7, 코늘리기 1 [9코]
6~7단: 짧은뜨기 9 [9코]
8단: 짧은뜨기 8, 코늘리기 1 [10코]
9~10단: 짧은뜨기 10 [10코]
11단: 짧은뜨기 9, 코늘리기 1 [11코]
12~13단: 짧은뜨기 11 [11코]
14단: 짧은뜨기 10, 코늘리기 1 [12코]
15단: 짧은뜨기 12 [12코]
16단: 짧은뜨기 11, 코늘리기 1 [13코]
17단: 짧은뜨기 13 [13코]
18단: 짧은뜨기 12, 코늘리기 1 [14코]
19단: 짧은뜨기 14 [14코]
20단: (짧은뜨기 6, 코늘리기 1) × 2 [16코]
21단: 짧은뜨기 16 [16코]
22단: (짧은뜨기 7, 코늘리기 1) × 2 [18코]
23단: (짧은뜨기 2, 코늘리기 1) × 6 [24코]
24~25단: 짧은뜨기 24 [24코]
26단: (짧은뜨기 3, 코늘리기 1) × 6 [30코]
27단: 짧은뜨기 30 [30코]

다음 코에 빼뜨기. 꼬리실을 남기고 끊는다. 충전재를 채운다. 몸의 뒤쪽 3~15단 사이에 붙인다.

아기 캥거루 모모

머리 실: 적갈색

1단: 매직링에 짧은뜨기 6 [6코]
2단: 코늘리기 6 [12코]
3단: (짧은뜨기 1, 코늘리기 1) × 6 [18코]

4단: 짧은뜨기 18 [18코]
5단: (짧은뜨기 5, 코늘리기 1) × 3 [21코]
6~8단: 짧은뜨기 21 [21코]
5~6단 사이에 5코 간격을 두고 인형눈을 붙인다.
9단: (짧은뜨기 5, 안 보이게 코줄이기 1) × 3 [18코]
충전재를 채운다.
10단: (짧은뜨기 1, 안 보이게 코줄이기 1) × 6 [12코]
11단: 안 보이게 코줄이기 6 [6코]
꼬리실을 남기고 끊는다. 남은 코의 앞고리에 실을 통과하여 잡아당겨 조인다. 실을 정리한다.

주둥이 실: 적갈색
1단: 매직링에 짧은뜨기 4 [4코]
2단: (짧은뜨기 1, 코늘리기 1) × 2 [6코]
3단: 짧은뜨기 6 [6코]
4단: (짧은뜨기 1, 코늘리기 1) × 3 [9코]
5단: (짧은뜨기 2, 코늘리기 1) × 3 [12코]
빼뜨기한 후 꼬리실을 남기고 끊는다. 자수실로 주둥이에 코를 수놓는다. 충전재를 채운다. 몸의 뒤쪽 4~9단의 눈 사이에 붙인다.

귀(2개) 실: 적갈색
1단: 매직링에 짧은뜨기 4 [4코]
2단: 코늘리기 4 [8코]
3~6단: 짧은뜨기 8 [8코]
빼뜨기한 후 꼬리실을 남기고 끊는다. 귀를 살짝 꼬집어 머리의 양쪽 옆 3단에 붙인다.

몸 실: 적갈색
2개의 다리를 만들고 시작한다.
1단: 매직링에 짧은뜨기 6 [6코]
2~3단: 짧은뜨기 6 [6코]
빼뜨기한 후 첫 번째 다리는 실을 끊고 정리한다. 두 번째 다리는 실을 끊지 않는다. 첫 번째 다리의 3단 첫 코에 마커를 건다. 두 번째 다리의 4번째 코에 마커를 건다.

다리 연결하기
4단: 짧은뜨기 3, 첫 번째 다리의 표시해 둔 곳에 계속해서 짧은뜨기 6, 첫 번째 다리의 표시해 둔 곳에 계속해서 짧은뜨기 3 [12코]
5단: (짧은뜨기 2, 코늘리기 1) × 4 [16코]
6단: 짧은뜨기 16 [16코]
7단: (짧은뜨기 2, 안 보이게 코줄이기 1) × 4 [12코]
8단: 짧은뜨기 12 [12코]
9단: (짧은뜨기 1, 안 보이게 코줄이기 1) × 4 [8코]
빼뜨기한 후 꼬리실을 남기고 끊는다. 몸에 충전재를 채우고 머리에 붙인다.

팔(2개) 실: 적갈색
1단: 매직링에 짧은뜨기 6 [6코]
2~4단: 짧은뜨기 6 [6코]
빼뜨기한 후 꼬리실을 남기고 끊는다. 몸에 충전재를 채운다. 몸의 양쪽 옆 5단에 붙인다.

고슴도치 헤들리

by Moji-Moji Design (Janine Holmes)

난이도: ★★★

완성된 단: 25cm

준비물:
- 실: 베이지색, 갈색, 크림색, 파란색(조금), 검정색(조금)
- 청키 얀
- 코바늘 3.25mm
- 인형눈 9mm
- 돗바늘
- 갈색 색연필
- 마커
- 충전재

코바늘 동물인형 갤러리
www.amigurumi.com/309
작품을 올리고 영감을 얻으세요!

머리 실: 검정색, 갈색, 베이지색

1단: 검정색. 매직링에 짧은뜨기 6 [6코]
2단: (짧은뜨기 1, 코늘리기 1) × 3 [9코]
3단: 길색. 짧은뜨기 9 [9코]
4단: (짧은뜨기 2, 코늘리기 1) × 3 [12코]
5단: (짧은뜨기 3, 코늘리기 1) × 3 [15코]
6단: (짧은뜨기 4, 코늘리기 1) × 3 [18코]
7단: (짧은뜨기 5, 코늘리기 1) × 3 [21코]
8단: (짧은뜨기 6, 코늘리기 1) × 3 [24코]

9단: (짧은뜨기 7, 코늘리기 1) × 3 [27코]
10단: 베이지색. (짧은뜨기 8, 코늘리기 1) × 3 [30코]
11단: (짧은뜨기 4, 코늘리기 1) × 6 [36코]
12단: (짧은뜨기 5, 코늘리기 1) × 6 [42코]
13단: (짧은뜨기 6, 코늘리기 1) × 6 [48코]
14~20단: 짧은뜨기 48 [48코]
11~12단 사이에 11코의 간격을 두고 인형눈을 붙인다.
21단: (짧은뜨기 6, 안 보이게 코줄이기 1) × 6 [42코]
22단: (짧은뜨기 5, 안 보이게 코줄이기 1) × 6 [36코]
23단: (짧은뜨기 4, 안 보이게 코줄이기 1) × 6 [30코]
24단: (짧은뜨기 3, 안 보이게 코줄이기 1) × 6 [24코]
25단: (짧은뜨기 2, 안 보이게 코줄이기 1) × 6 [18코]
충전재를 채운다.
26단: (짧은뜨기 1, 안 보이게 코줄이기 1) × 6 [12코]
27단: 안 보이게 코줄이기 6 [6코]
꼬리실을 남기고 끊는다. 남은 코의 앞고리에 실을 통과하여 잡아당겨 조인다. 실을 정리한다. 코 아래에 세로선으로 입을 수놓는다. 갈색 색연필로 눈에 음영을 준다.(사진 1)

몸 실: 베이지색

1단: 매직링에 짧은뜨기 6 [6코]
2단: 코늘리기 6 [12코]
3단: (짧은뜨기 1, 코늘리기 1) × 6 [18코]
4단: (짧은뜨기 2, 코늘리기 1) × 6 [24코]

5단: (짧은뜨기 3, 코늘리기 1) × 6 [30코]
6단: (짧은뜨기 4, 코늘리기 1) × 6 [36코]
7단: (짧은뜨기 5, 코늘리기 1) × 6 [42코]
8단: (짧은뜨기 6, 코늘리기 1) × 6 [48코]
9단: (짧은뜨기 7, 코늘리기 1) × 6 [54코]
10단: (짧은뜨기 8, 코늘리기 1) × 6 [60코]
11~17단: 짧은뜨기 60 [60코]
18단: (짧은뜨기 18, 안 보이게 코줄이기 1) × 3 [57코]
19~20단: 짧은뜨기 57 [57코]
21단: (짧은뜨기 17, 안 보이게 코줄이기 1) × 3 [54코]
22~23단: 짧은뜨기 54 [54코]
24단: (짧은뜨기 16, 안 보이게 코줄이기 1) × 3 [51코]
25단: 짧은뜨기 51 [51코]
26단: (짧은뜨기 15, 안 보이게 코줄이기 1) × 3 [48코]
27단: 짧은뜨기 48 [48코]
28단: (짧은뜨기 14, 안 보이게 코줄이기 1) × 3 [45코]
29단: 짧은뜨기 45 [45코]
30단: (짧은뜨기 13, 안 보이게 코줄이기 1) × 3 [42코]
31단: (짧은뜨기 12, 안 보이게 코줄이기 1) × 3 [39코]
32단: (짧은뜨기 11, 안 보이게 코줄이기 1) × 3 [36코]
꼬리실을 남기고 끊는다. 충전재를 채운다. 머리의 13~22단 사이에 붙인다.

머리 가시 실: 다양한 톤의 굵은 갈색실 (참고 p.15 루프스티치)

4cm 정도의 길이로 만든다.
1단: 매직링에 짧은뜨기 6 [6코]
2단: 고리 2 루프스티치 6 [12코]
3단: (고리 1 루프스티치 1, 고리 2 루프스티치 1) × 6 [18코]
4단: (고리 1 루프스티치 2, 고리 2 루프스티치 1) × 6 [24코]
5단: (고리 1 루프스티치 3, 고리 2 루프스티치 1) × 6 [30코]
6단: (고리 1 루프스티치 4, 고리 2 루프스티치 1) × 6 [36코]
7단: (고리 1 루프스티치 5, 고리 2 루프스티치 1) × 6 [42코]
8단: (고리 1 루프스티치 6, 고리 2 루프스티치 1) × 6 [48코]
9단: 고리 1 루프스티치 48 [48코]
10단: (고리 1 루프스티치 6, 안 보이게 코줄이기 1) × 6 [42코]

11단: 고리 1 루프스티치 42 [42코]

꼬리실을 남기고 끊는다. 머리 위와 뒤쪽에 꿰맨다.

몸 가시 실: 다양한 톤의 굵은 갈색실

1단: 매직링에 짧은뜨기 6 [6코]
2단: 고리 2 루프스티치 6 [12코]
3단: (고리 1 루프스티치 1, 고리 2 루프스티치 1) × 6 [18코]
4단: (고리 1 루프스티치 2, 고리 2 루프스티치 1) × 6 [24코]
5단: (고리 1 루프스티치 3, 고리 2 루프스티치 1) × 6 [30코]
6단: (고리 1 루프스티치 4, 고리 2 루프스티치 1) × 6 [36코]
7단: (고리 1 루프스티치 5, 고리 2 루프스티치 1) × 6 [42코]
8단: (고리 1 루프스티치 6, 고리 2 루프스티치 1) × 6 [48코]
9단: (고리 1 루프스티치 7, 고리 2 루프스티치 1) × 6 [54코]
10단: (고리 1 루프스티치 8, 안 보이게 코줄이기 1) × 6 [60코]
11~19단: 고리 1 루프스티치 60 [60코]

꼬리실을 남기고 끊는다. 몸의 아래와 뒤쪽에 꿰맨다.

귀(2개) 실: 갈색

1단: 매직링에 짧은뜨기 6 [6코]
2단: 코늘리기 6 [12코]
3~4단: 짧은뜨기 12 [12코]
5단: 안 보이게 코줄이기 6 [6코]

꼬리실을 남기고 끊는다. 귀는 충전재를 채우지 않는다. 귀의 아랫부분을 살짝 꼬집어 몇 땀을 떠서 모양을 잡는다. 가시가 시작하는 머리의 옆쪽에 18코의 간격을 두고 붙인다.

배 실: 크림색

1단: 사슬뜨기 9, 2번째 사슬코에서 시작하여 짧은뜨기 8, 사슬뜨기 1, 뒤집기 [8코]
2단: 짧은뜨기 8, 사슬뜨기 1, 뒤집기 [8코]
3단: 코늘리기 1, 짧은뜨기 6, 코늘리기 1, 사슬뜨기 1, 뒤집기 [10코]
4~5단: 짧은뜨기 10, 사슬뜨기 1, 뒤집기 [10코]
6단: 코늘리기 1, 짧은뜨기 8, 코늘리기 1, 사슬뜨기 1, 뒤집기 [12코]
7~8단: 짧은뜨기 12, 사슬뜨기 1, 뒤집기 [12코]
9단: 코늘리기 1, 짧은뜨기 10, 코늘리기 1, 사슬뜨기 1, 뒤집기 [14코]
10~13단: 짧은뜨기 14, 사슬뜨기 1, 뒤집기 [14코]
14단: 안 보이게 코줄이기 1, 짧은뜨기 10, 안 보이게 코줄이기 1, 사슬뜨기 1, 뒤집기 [12코]
15단: 안 보이게 코줄이기 1, 짧은뜨기 8, 안 보이게 코줄이기 1, 사슬뜨기 1, 뒤집기 [10코]
16단: 안 보이게 코줄이기 1, 짧은뜨기 6, 안 보이게 코줄이기 1, 사슬뜨기 1, 뒤집기 [8코]
17단: 안 보이게 코줄이기 1, 짧은뜨기 4, 안 보이게 코줄이기 1 [6코]

꼬리실을 남기고 끊는다. 배 가장자리를 몸의 앞쪽에 꿰맨다. 곧은 부분은 목에, 곡선인 부분은 아래로 가도록 붙인다.

팔(2개) 실: 갈색

1단: 매직링에 짧은뜨기 6 [6코]
2단: 코늘리기 6 [12코]
3단: (짧은뜨기 1, 코늘리기 1) × 6 [18코]
4~6단: 짧은뜨기 18 [18코]
7단: (짧은뜨기 1, 안 보이게 코줄이기 1) × 6 [12코]
8단: 안 보이게 코줄이기 6 [6코]
9단: 코늘리기 6 [12코]
10~21단: 짧은뜨기 12 [12코]

꼬리실을 남기고 끊는다. 충전재를 채운다. 팔의 윗부분을 꿰매어 닫는다. 검정색 실 1가닥으로 손에 땀을 떠서 4개의 손가락

을 만든다.(사진 2) 팔의 윗부분을 몸의 옆쪽에 붙인다. 팔의 아랫부분은 원하는 위치에 땀을 떠서 고정한다.

발(2개) 실: 갈색

1단: 매직링에 짧은뜨기 6 [6코]
2단: (짧은뜨기 1, 코늘리기 1) × 3 [9코]
3단: (짧은뜨기 2, 코늘리기 1) × 3 [12코]
4단: (짧은뜨기 3, 코늘리기 1) × 3 [15코]
5단: (짧은뜨기 4, 코늘리기 1) × 3 [18코]
6~8단: 짧은뜨기 18 [18코]

계속해서 발가락을 만든다.

첫 번째 발가락

1단: 짧은뜨기 6, 건너뛰기 12(작은 원 만들기) [6코]
2~3단: 짧은뜨기 6 [6코]

충전재를 채운다. 꼬리실을 남기고 끊는다. 남은 코의 앞고리에 실을 통과하여 잡아당겨 조인다. 실을 정리한다.

두 번째 발가락

길게 꼬리실을 남기고 시작한다. 첫 번째 발가락 바로 왼쪽 코에서 실을 걸어 시작한다.

1단: 사슬뜨기 1(콧수에 포함하지 않음), 시작코에 짧은뜨기 1, 짧은뜨기 2, 건너뛰기 6, 짧은뜨기 3 (작은 원 만들기) [6코]
2~3단: 짧은뜨기 6 [6코]

꼬리실을 남기고 끊는다. 충전재를 채운다. 남은 코의 앞고리에 실을 통과하여 잡아당겨 조인다. 실을 정리한다.

세 번째 발가락
길게 꼬리실을 남기고 시작한다. 두 번째 발가락 바로 왼쪽 코에서 시작한다.
1단: 사슬뜨기 1(콧수에 포함하지 않음), 시작코에 짧은뜨기 1, 짧은뜨기 5 [6코]
2~3단: 짧은뜨기 6 [6코]
꼬리실을 남기고 끊는다. 충전재를 채운다. 남은 코의 앞고리에 실을 통과하여 잡아당겨 조인다. 실을 정리한다. 발가락 사이의 틈을 꿰맨다. 발을 몸 아랫부분 앞쪽에 붙인다.

스카프 실: 파란색
1단: 사슬뜨기 7, 2번째 사슬코에서 시작하여 짧은뜨기 6, 사슬뜨기 1, 뒤집기 [6코]
2단: 짧은뜨기 6, 사슬뜨기 1, 뒤집기 [6코]
60cm가 될 때까지 반복한다. 마지막 단에서는 사슬뜨기와 뒤집기는 생략한다. 실을 끊고 정리한다. 목에 두른다.

거북이 오토

by Kamlin Patterns

난이도: ★★
완성된 단: 30cm

준비물:
- 실: 초록색, 빨간색, 갈색, 흰색
- 코바늘 4mm
- 인형눈 20mm
- 자수실: 검정색, 흰색, 갈색
- 단추 2개
- 흰색 펠트천
- 돗바늘
- 핀
- 마커
- 충전재

 코바늘 동물인형 갤러리
www.amigurumi.com/202
작품을 올리고 영감을 얻으세요!

눈꺼풀(2개) 실: 초록색

1단: 매직링에 짧은뜨기 7, 사슬뜨기 1, 뒤집기 [7코]
인형눈 기둥 크기의 구멍을 남기고 매직링을 조인다.

2단: 코늘리기 1, 짧은뜨기 5, 코늘리기 1, 사슬뜨기 1, 뒤집기 [9코]

3~5단: 짧은뜨기 9, 사슬뜨기 1, 뒤집기 [9코]
꼬리실을 남기고 끊는다. 펠트천을 타원형으로 잘라 중앙에 구멍을 낸다. 인형눈을 구멍과 매직링에 넣는다.

머리 실: 초록색

1단: 매직링에 짧은뜨기 6 [6코]

에 긴뜨기 2개씩, 짧은뜨기 18 [64코]
12단: 짧은뜨기 18, 다음 6코에 긴뜨기 2개씩, 짧은뜨기 16, 다음 6코에 긴뜨기 2개씩, 짧은뜨기 18 [76코]
13단: 짧은뜨기 18, 안 보이게 코줄이기 1, 짧은뜨기 8, 안 보이게 코줄이기 1, 짧은뜨기 16, 안 보이게 코줄이기 1, 짧은뜨기 8, 안 보이게 코줄이기 1, 짧은뜨기 18 [72코]
14~25단: 짧은뜨기 72 [72코]
26단: (짧은뜨기 10, 안 보이게 코줄이기 1) × 6 [66코]
27단: (짧은뜨기 9, 안 보이게 코줄이기 1) × 6 [60코]
28단: (짧은뜨기 8, 안 보이게 코줄이기 1) × 6 [54코]
29단: (짧은뜨기 7, 안 보이게 코줄이기 1) × 6 [48코]
30단: (짧은뜨기 6, 안 보이게 코줄이기 1) × 6 [42코]
31단: (짧은뜨기 5, 안 보이게 코줄이기 1) × 6 [36코]
32단: (짧은뜨기 4, 안 보이게 코줄이기 1) × 6 [30코]
33단: (짧은뜨기 3, 안 보이게 코줄이기 1) × 6 [24코]
3개의 긴뜨기를 한 10단에 펠트 조각과 인형눈을 붙인다.
충전재를 채운다.
34단: (짧은뜨기 2, 안 보이게 코줄이기 1) × 6 [18코]
35단: (짧은뜨기 1, 안 보이게 코줄이기 1) × 6 [12코]
36단: 안 보이게 코줄이기 6 [6코]
37단: 안 보이게 코줄이기 3 [3코]
꼬리실을 남기고 끊는다. 눈꺼풀의 모서리를 머리에 꿰맨다.

몸 실: 초록색

1단: 매직링에 짧은뜨기 12 [12코]
2단: (짧은뜨기 1, 코늘리기 1) × 6 [18코]
3단: (짧은뜨기 2, 코늘리기 1) × 6 [24코]
4단: (짧은뜨기 3, 코늘리기 1) × 6 [30코]
5단: (짧은뜨기 4, 코늘리기 1) × 6 [36코]
6단: (짧은뜨기 5, 코늘리기 1) × 6 [42코]
7단: (짧은뜨기 6, 코늘리기 1) × 6 [48코]
8단: (짧은뜨기 7, 코늘리기 1) × 6 [54코]
9단: (짧은뜨기 8, 코늘리기 1) × 6 [60코]
10단: (짧은뜨기 9, 코늘리기 1) × 6 [66코]
11단: (짧은뜨기 10, 코늘리기 1) × 6 [72코]

2단: 코늘리기 6 [12코]
3단: (짧은뜨기 1, 코늘리기 1) × 6 [18코]
4단: (짧은뜨기 2, 코늘리기 1) × 6 [24코]
5단: (짧은뜨기 3, 코늘리기 1) × 6 [30코]
6단: (짧은뜨기 4, 코늘리기 1) × 6 [36코]
7단: (짧은뜨기 5, 코늘리기 1) × 6 [42코]
8단: (짧은뜨기 6, 코늘리기 1) × 6 [48코]
9단: (짧은뜨기 7, 코늘리기 1) × 6 [54코]
10단: 짧은뜨기 18, 다음 코에 긴뜨기 3, 짧은뜨기 16, 다음 코에 긴뜨기 3, 짧은뜨기 18 [58코]
11단: 짧은뜨기 18, 다음 3코에 긴뜨기 2, 짧은뜨기 16, 다음 3코

12단: (짧은뜨기 11, 코늘리기 1) × 6 [78코]
13~22단: 짧은뜨기 78 [78코]
23단: (짧은뜨기 11, 안 보이게 코줄이기 1) × 6 [72코]
24~25단: 짧은뜨기 72 [72코]
26단: (짧은뜨기 10, 안 보이게 코줄이기 1) × 6 [66코]
27~28단: 짧은뜨기 66 [66코]
29단: (짧은뜨기 9, 안 보이게 코줄이기 1) × 6 [60코]
30~31단: 짧은뜨기 60 [60코]
32단: (짧은뜨기 8, 안 보이게 코줄이기 1) × 6 [54코]
33단: 짧은뜨기 54 [54코]
34단: (짧은뜨기 7, 안 보이게 코줄이기 1) × 6 [48코]
35단: 짧은뜨기 48 [48코]
36단: (짧은뜨기 6, 안 보이게 코줄이기 1) × 6 [42코]
37단: 짧은뜨기 42 [42코]
38단: (짧은뜨기 5, 안 보이게 코줄이기 1) × 6 [36코]
39단: 짧은뜨기 36 [36코]
40단: (짧은뜨기 4, 안 보이게 코줄이기 1) × 6 [30코]
41단: 짧은뜨기 30 [30코]
42단: (짧은뜨기 3, 안 보이게 코줄이기 1) × 6 [24코]
43~44단: 짧은뜨기 24 [24코]
꼬리실을 남기고 끊는다. 충전재를 채운다. 머리에 붙인다.

팔(2개) 실: 초록색
3개의 손가락을 만들고 시작한다.

손가락(3개씩)
1단: 매직링에 짧은뜨기 6 [6코]
2단: 코늘리기 6 [12코]
3~6단: 짧은뜨기 12 [12코]
2개의 손가락은 실을 끊고 정리한다. 세 번째 손가락은 실을 끊지 않는다. 다음 단에서 연결한다.

손 & 팔
7단: 세 번째 손가락에 짧은뜨기 6, 두 번째 손가락에 짧은뜨기 6, 첫 번째 손가락에 짧은뜨기 12, 두 번째 손가락에 짧은 뜨기 6, 세 번째 손가락에 짧은뜨기 6 [36코]
8단: 짧은뜨기 36 [36코]
9단: (짧은뜨기 4, 안 보이게 코줄이기 1) × 6 [30코]
10단: 짧은뜨기 30 [30코]
11단: (짧은뜨기 3, 안 보이게 코줄이기 1) × 6 [24코]
12단: (짧은뜨기 2, 안 보이게 코줄이기 1) × 6 [18코]
13~35단: 짧은뜨기 18 [18코]
꼬리실을 남기고 끊는다. 꼬리실로 손가락 사이의 틈을 꿰맨다. 충전재를 채우고 몸 옆쪽에 붙인다.

신발

윗부분(2개) 실: 빨간색

1단: 사슬뜨기 17, 3번째 사슬에서 시작하여 짧은뜨기 14, 다음 코에 짧은뜨기 3, 기초 사슬코의 반대쪽 고리에 짧은뜨기 13, 코 늘리기 1 [32코]
2단: (짧은뜨기 15, 다음 코에 짧은뜨기 3) × 2 [36코]
3단: 코늘리기 1, 짧은뜨기 13, 코늘리기 5, 짧은뜨기 13, 코늘리기 4 [46코]
4단: 짧은뜨기 1, 코늘리기 1, 짧은뜨기 13, 코늘리기 1, 짧은뜨기 8, 코늘리기 1, 짧은뜨기 13, 코늘리기 1, 짧은뜨기 7 [50코]
5단: 짧은뜨기 50 [50코]
6단: 코늘리기 1, 짧은뜨기 15, 코늘리기 13, 짧은뜨기 15, 코늘리기 6 [70코]
7~14단: 짧은뜨기 70 [70코]
실을 끊고 정리한다.

바닥 부분(2개) 실: 흰색

1단: 사슬뜨기 17, 3번째 사슬에서 시작하여 짧은뜨기 14, 3 짧은뜨기 1, 기초 사슬코의 반대쪽 고리에 짧은뜨기 13, 코늘리기 1, 빼뜨기 [32코]
2단: (짧은뜨기 15, 3 짧은뜨기 1) × 2 [36코]
3단: 코늘리기 1, 짧은뜨기 13, 코늘리기 5, 짧은뜨기 13, 코늘리기 4 [46코]
4단: 짧은뜨기 1, 코늘리기 1, 짧은뜨기 13, 코늘리기 1, 짧은뜨기 8, 코늘리기 1, 짧은뜨기 13, 코늘리기 1, 짧은뜨기 7 [50코]
5단: 짧은뜨기 50 [50코]
6단: 코늘리기 1, 짧은뜨기 15, 코늘리기 13, 짧은뜨기 15, 코늘리기 6 [70코]
7~8단: 짧은뜨기 70 [70코]
신발 윗부분을 올려 놓고 다음 단에서 연결한다. 마무리하기 전에 충전재를 더 채운다.
9단: 짧은뜨기 70 [70코]
실을 끊고 정리한다.

다리(2개) 실: 초록색

길게 꼬리실을 남기고 시작한다.
사슬뜨기 31. 첫 코에 빼뜨기하여 원을 만든다. 원이 꼬이지 않도록 한다.
1~16단: 짧은뜨기 30 [30코]
17단: (짧은뜨기 3, 안 보이게 코줄이기 1) × 6 [24코]
18단: (짧은뜨기 2, 안 보이게 코줄이기 1) × 6 [18코]
19단: (짧은뜨기 1, 안 보이게 코줄이기 1) × 6 [12코]
20단: 안 보이게 코줄이기 6 [6코]
21단: 안 보이게 코줄이기 3 [3코]
실을 끊고 정리한다. 충전재를 채운다. 신발에 꿰매어 연결한다.

등　실: 갈색

1단: 사슬뜨기 12, 3번째 사슬에서 시작하여 짧은뜨기 9, 다음 코에 짧은뜨기 3, 기초 사슬코의 반대쪽 고리에 짧은뜨기 8, 코늘리기 1 [22코]
2단: 코늘리기 1, 짧은뜨기 8, 코늘리기 3, 짧은뜨기 8, 코늘리기 2 [28코]
3단: 코늘리기 2, 짧은뜨기 8, 코늘리기 6, 짧은뜨기 8, 코늘리기 4 [40코]
4~5단: 짧은뜨기 40 [40코]
6단: 짧은뜨기 2, (코늘리기 2, 짧은뜨기 8) × 3, 코늘리기 2, 짧은뜨기 6 [48코]
7단: (코늘리기 5, 짧은뜨기 10, 코늘리기 5, 짧은뜨기 4) × 2 [68코]
8~10단: 짧은뜨기 68 [68코]
11단: (짧은뜨기 3, 코늘리기 1) × 17 [85코]
12~21단: 짧은뜨기 85 [85코]
22단: (짧은뜨기 1, 코늘리기 1) × 42, 짧은뜨기 1 [127코]
23단: 짧은뜨기 127 [127코]
꼬리실을 남기고 끊는다. 충전재를 채운다. 몸에 붙인다.

몸 앞면　실: 갈색

1단: 사슬뜨기 12, 3번째 사슬에서 시작하여 짧은뜨기 9, 다음 코에 짧은뜨기 3, 기초 사슬코의 반대쪽 고리에 짧은뜨기 8, 코늘리기 1 [22코]
2단: 코늘리기 1, 짧은뜨기 8, 코늘리기 3, 짧은뜨기 8, 코늘리기 2 [28코]
3단: 코늘리기 2, 짧은뜨기 8, 코늘리기 6, 짧은뜨기 8, 코늘리기 4 [40코]
4~5단: 짧은뜨기 40 [40코]
6단: 짧은뜨기 2, (코늘리기 2, 짧은뜨기 8) × 3, 코늘리기 2, 짧은뜨기 6 [48코]
7단: (코늘리기 5, 짧은뜨기 10, 코늘리기 5, 짧은뜨기 4) × 2 [68코]
8~10단: 짧은뜨기 68 [68코]
꼬리실을 남기고 끊는다. 몸의 앞쪽에 붙인다.

연결하기

- 핀을 사용해서 다리의 위치를 미리 잡는다. 움직이게 만들고 싶다면 실과 단추를 사용한다. 다리의 윗부분을 몸의 한 지점에 꿰고 단추를 단다. 실로 단단히 꿰맨다.
- 검정색 자수실로 배에 가로선을 수놓는다. 머리에 코와 입을 수놓는다. 흰색 자수실로 신발 장식과 끈을 수놓는다.

오리
릴리

by Little Muggles (Amy Lin)

머리 실: 흰색

1단: 매직링에 짧은뜨기 6 [6코]

2단: 코늘리기 6 [12코]

3단: (짧은뜨기 1, 코늘리기 1) × 6 [18코]

4단: (짧은뜨기 2, 코늘리기 1) × 6 [24코]

5단: 짧은뜨기 24 [24코]

6단: (짧은뜨기 3, 코늘리기 1) × 6 [30코]

7단: (짧은뜨기 4, 코늘리기 1) × 6 [36코]

8단: (짧은뜨기 5, 코늘리기 1) × 6 [42코]

9단: (짧은뜨기 6, 코늘리기 1) × 6 [48코]

10~11단: 짧은뜨기 48 [48코]

12단: (짧은뜨기 7, 코늘리기 1) × 6 [54코]

13~14단: 짧은뜨기 54 [54코]

15단: (짧은뜨기 7, 안 보이게 코줄이기 1) × 6 [48코]

16단: 짧은뜨기 48 [48코]

17단: (짧은뜨기 6, 안 보이게 코줄이기 1) × 6 [42코]

18단: (짧은뜨기 5, 안 보이게 코줄이기 1) × 6 [36코]

19단: (짧은뜨기 4, 안 보이게 코줄이기 1) × 6 [30코]

11~12단 사이에 8코 간격을 두고 인형눈을 붙인다 충전재를 채운다.

20단: (짧은뜨기 3, 안 보이게 코줄이기 1) × 6 [24코]

21단: (짧은뜨기 2, 안 보이게 코줄이기 1) × 6 [18코]

꼬리실을 남기고 끊는다.

난이도: ★★

완성된 단: 17cm

준비물:
- 실: 흰색, 하늘색, 주황색
- 코바늘 4mm
- 인형눈 9mm
- 마커
- 돗바늘
- 충전재

코바늘 동물인형 갤러리
www.amigurumi.com/109
작품을 올리고 영감을 얻으세요!

부리 실: 연주황색

1단: 사슬뜨기 6, 2번째 사슬코에서 시작하여 짧은뜨기 4, 코늘리기 1, 기초 사슬코의 반대쪽 고리에 짧은뜨기 4, 코늘리기 1 [12코]

2~3단: 짧은뜨기 12 [12코]

꼬리실을 남기고 끊는다. 충전재를 가볍게 채운다. 머리의 13~15단에 붙인다.

모자 실: 하늘색, 흰색

1단: 하늘색. 매직링에 짧은뜨기 6 [6코]
2단: 코늘리기 6 [12코]
3단: (짧은뜨기 1, 코늘리기 1) × 6 [18코]
4단: 짧은뜨기 18 [18코]
5단: (짧은뜨기 2, 코늘리기 1) × 6 [24코]
6단: 짧은뜨기 24 [24코]
7단: (짧은뜨기 3, 코늘리기 1) × 6 [30코]
8단: 짧은뜨기 30 [30코]
9단: (짧은뜨기 4, 코늘리기 1) × 6 [36코]
10단: 짧은뜨기 36 [36코]
11단: 흰색. 짧은뜨기 36 [36코]

실을 끊고 정리한다. 손가락으로 윗부분을 밀어 넣는다. 뒤집어서 작은 선원 모자 형태를 만든다. 챙에 흰색 테두리가 보이게 한다.

몸 실: 흰색

1단: 매직링에 짧은뜨기 6 [6코]
2단: 코늘리기 6 [12코]
3단: (짧은뜨기 1, 코늘리기 1) × 6 [18코]
4단: (짧은뜨기 2, 코늘리기 1) × 6 [24코]
5단: (짧은뜨기 3, 코늘리기 1) × 6 [30코]
6단: 짧은뜨기 30 [30코]
7단: (짧은뜨기 4, 코늘리기 1) × 6 [36코]
8단: (짧은뜨기 5, 코늘리기 1) × 6 [42코]
9~10단: 짧은뜨기 42 [42코]
11단: (짧은뜨기 6, 코늘리기 1) × 6 [48코]
12단: 짧은뜨기 48 [48코]
13단: (짧은뜨기 6, 안 보이게 코줄이기 1) × 6 [42코]
14단: 짧은뜨기 42 [42코]

충전재를 채운다.

15단: (짧은뜨기 5, 안 보이게 코줄이기 1) × 6 [36코]
16단: (짧은뜨기 4, 안 보이게 코줄이기 1) × 6 [30코]
17단: (짧은뜨기 3, 안 보이게 코줄이기 1) × 6 [24코]
18단: (짧은뜨기 2, 안 보이게 코줄이기 1) × 6 [18코]
19~20단: 짧은뜨기 18 [18코]

꼬리실을 남기고 끊는다. 몸에 붙인다.

선원 스카프

중심 부분 실: 하늘색, 흰색

1단: 하늘색. 사슬뜨기 14, 2번째 사슬코에서 시작하여 짧은뜨기 13, 사슬뜨기 1, 뒤집기 [13코]

2~4단: 짧은뜨기 13, 사슬뜨기 1, 뒤집기 [13코]

5단: 흰색. 짧은뜨기 13 [13코]

실을 끊고 정리한다.

묶는 부분(2개) 실: 하늘색

1단: 사슬뜨기 19, 2번째 사슬코에서 시작하여 짧은뜨기 18, 사슬뜨기 1, 뒤집기 [18코]

2단: 짧은뜨기 6 [6코]

뜨지 않은 코는 남겨둔다. 실을 끊고 정리한다. 묶는 부분을 중심 부분에 연결한다. 짧은 쪽 줄이 바깥쪽을 향하게 한다.(사진 1)

날개(2개) 실: 흰색

1단: 매직링에 짧은뜨기 6

2단: 코늘리기 6 [12코]

3단: (짧은뜨기 1, 코늘리기 1) × 6 [18코]

4단: 짧은뜨기 18 [18코]

5단: (짧은뜨기 1, 안 보이게 코줄이기 1) × 6 [12코]

6단: (짧은뜨기 1, 안 보이게 코줄이기 1) × 4 [8코]

꼬리실을 남기고 끊는다. 목에서부터 아래로 3단에 붙인다.

발(2개) 실: 연주황색

1단: 사슬뜨기 5, 2번째 사슬코에서 시작하여 짧은뜨기 3, 코늘리기 1, 기초 사슬코의 반대쪽 고리에 짧은뜨기 3, 코늘리기 1 [10코]

2단: (짧은뜨기 1, 코늘리기 1, 짧은뜨기 2, 코늘리기 1) × 2 [14코]

3단: 짧은뜨기 1, 코늘리기 1, 짧은뜨기 4, 코늘리기 1, 짧은뜨기 2, 코늘리기 1, 짧은뜨기 3, 코늘리기 1 [18코]

4단: (짧은뜨기 3, 코늘리기 1) × 3, 짧은뜨기 5, 코늘리기 1 [22코]

5단: 짧은뜨기 22 [22코]

6단: 짧은뜨기 9, 안 보이게 코줄이기 1, (짧은뜨기 1, 안 보이게 코줄이기 1) × 2, 짧은뜨기 5 [19코]

7단: 짧은뜨기 7, 안 보이게 코줄이기 1, (짧은뜨기 1, 안 보이게 코줄이기 1) × 2, 짧은뜨기 4 [16코]

8단: 짧은뜨기 6, 안 보이게 코줄이기 1, (짧은뜨기 1, 안 보이게 코줄이기 1) × 2, 짧은뜨기 2 [13코]

9단: 짧은뜨기 7, (안 보이게 코줄이기 1, 짧은뜨기 1) × 2 [11코]

10단: (짧은뜨기 2, 안 보이게 코줄이기 1) × 2, 짧은뜨기 3 [9코]

11단: 짧은뜨기 9 [9코]

꼬리실을 남기고 끊는다. 몸에 붙인다. 스카프를 목에 둘러 묶는다.

쥐 레기

by Kristi Tullus

난이도: ★★
완성된 단: 25cm

준비물:
- 실: 회색, 주황색(조금), 분홍색(조금)
- 코바늘 2.75mm
- 인형눈 9mm
- 단추 12mm
- 돗바늘
- 마커
- 충전재

코바늘 동물인형 갤러리
www.amigurumi.com/907
작품을 올리고 영감을 얻으세요!

머리 실: 회색

1단: 매직링에 짧은뜨기 6 [6코]
2단: 코늘리기 6 [12코]
3단: (짧은뜨기 1, 코늘리기 1) × 6 [18코]
4단: (코늘리기 1, 짧은뜨기 2) × 6 [24코]
5단: (짧은뜨기 3, 코늘리기 1) × 6 [30코]
6단: 짧은뜨기 1, 코늘리기 1, (짧은뜨기 4, 코늘리기 1) × 5, 짧은뜨기 3 [36코]
7단: (짧은뜨기 5, 코늘리기 1) × 6 [42코]
8단: 짧은뜨기 2, 코늘리기 1, (짧은뜨기 6, 코늘리기 1) × 5, 짧은뜨기 4 [48코]
9단: (짧은뜨기 7, 코늘리기 1) × 6 [54코]
10~18단: 짧은뜨기 54 [54코]
19단: (짧은뜨기 7, 안 보이게 코줄이기 1) × 6 [48코]
20단: 짧은뜨기 9, 안 보이게 코줄이기 1, (짧은뜨기 2, 안 보이게 코줄이기 1) × 6, 짧은뜨기 11, 안 보이게 코줄이기 1 [40코]
16단과 21단에 마커를 건다.(눈 위치 표시)
21단: 짧은뜨기 4, 안 보이게 코줄이기 1, 짧은뜨기 8, 안 보이게 코줄이기 1, 짧은뜨기 6, 안 보이게 코줄이기 1, 짧은뜨기 9, 안 보이게 코줄이기 1, 짧은뜨기 5 [36코]
22단: 짧은뜨기 9, 안 보이게 코줄이기 1, (짧은뜨기 5, 안 보이게 코줄이기 1) × 2, 짧은뜨기 11 [33코]

23단: 짧은뜨기 3, 안 보이게 코줄이기 1, 짧은뜨기 23, 안 보이게 코줄이기 1, 짧은뜨기 3 [31코]

24단: 안 보이게 코줄이기 1, 짧은뜨기 13, 안 보이게 코줄이기 1, 짧은뜨기 14 [29코]

표시해 둔 21~22단에 11코 간격을 두고 인형눈을 붙인다. 충전재를 채운다.

25단: 짧은뜨기 7, 안 보이게 코줄이기 1, 짧은뜨기 9, 안 보이게 코줄이기 1, 짧은뜨기 9 [27코]

26단: 짧은뜨기 9, 안 보이게 코줄이기 1, 짧은뜨기 4, 안 보이게 코줄이기 1, 짧은뜨기 10 [25코]

27단: 짧은뜨기 11, 안 보이게 코줄이기 1, 짧은뜨기 10, 안 보이게 코줄이기 1 [23코]

28단: 짧은뜨기 6, 안 보이게 코줄이기 1, 짧은뜨기 8, 안 보이게 코줄이기 1, 짧은뜨기 5 [21코]

29단: 짧은뜨기 8, 안 보이게 코줄이기 1, 짧은뜨기 2, 안 보이게 코줄이기 1, 짧은뜨기 7 [19코]

30단: 짧은뜨기 4, 안 보이게 코줄이기 1, 짧은뜨기 9, 안 보이게 코줄이기 1, 짧은뜨기 2 [17코]

31단: 안 보이게 코줄이기 1, 짧은뜨기 6, 안 보이게 코줄이기 1, 짧은뜨기 7 [15코]

32단: 짧은뜨기 4, 안 보이게 코줄이기 1, 짧은뜨기 3, 안 보이게 코줄이기 1, 짧은뜨기 4 [13코]

33단: 안 보이게 코줄이기 6, 짧은뜨기 1 [7코]

꼬리실을 남기고 끊는다. 남은 코의 앞고리에 실을 통과하여 잡아당겨 조인다. 실을 정리한다.

코 실: 분홍색

1단: 매직링에 짧은뜨기 6 [6코]

2단: (코늘리기 1, 짧은뜨기 1) × 3 [9코]

3단: 짧은뜨기 7, 안 보이게 코줄이기 [8코]

꼬리실을 남기고 끊는다. 충전재를 단단하게 채운다.

몸 실: 회색

1단: 매직링에 짧은뜨기 6 [6코]

2단: 코늘리기 6 [12코]

3단: (짧은뜨기 1, 코늘리기 1) × 6 [18코]

4단: (코늘리기 1, 짧은뜨기 2) × 6 [24코]

5단: (짧은뜨기 2, 코늘리기 1) × 8 [32코]

6단: 짧은뜨기 5, 코늘리기 1, 짧은뜨기 15, 코늘리기 1, 짧은뜨기 10 [34코]

7~12단: 짧은뜨기 34 [34코]

13단: (안 보이게 코줄이기 1, 짧은뜨기 15) × 2 [32코]

14단: 짧은뜨기 8, 안 보이게 코줄이기 1, 짧은뜨기 14, 안 보이게 코줄이기 1, 짧은뜨기 6 [30코]

15단: 짧은뜨기 4, 안 보이게 코줄이기 1, 짧은뜨기 13, 안 보이게 코줄이기 1, 짧은뜨기 9 [28코]

충전재를 채운다.

16단: 짧은뜨기 28 [28코]

17단: 짧은뜨기 5, 안 보이게 코줄이기 1, (짧은뜨기 7, 안 보이게 코줄이기 1) × 2, 짧은뜨기 3 [25코]

18단: (짧은뜨기 6, 안 보이게 코줄이기 1) × 3, 짧은뜨기 1 [22코]

19단: (짧은뜨기 3, 안 보이게 코줄이기 1) × 4, 짧은뜨기 2 [18코]

20단: 짧은뜨기 18 [18코]

꼬리실을 남기고 끊는다. 몸의 13~17단 사이에 붙인다.

팔(2개) 실: 회색

1단: 매직링에 짧은뜨기 6 [6코]
2단: 코늘리기 6 [12코]
3단: (짧은뜨기 2, 코늘리기 1) × 4 [16코]
4~6단: 짧은뜨기 16 [16코]
7단: (안 보이게 코줄이기 1, 짧은뜨기 2) × 4 [12코]
8단: (짧은뜨기 2, 안 보이게 코줄이기 1) × 3 [9코]
충전재를 채운다. 팔의 위쪽에 가볍게 충전재를 채운다.
9단: 짧은뜨기 9 [9코]
10단: 짧은뜨기 4, 안 보이게 코줄이기 1, 짧은뜨기 3 [8코]
11~20단: 짧은뜨기 8 [8코]
납작하게 잡고 다음 단에서 두 겹을 꿰매어 막는다.
21단: 짧은뜨기 4 [4코]
꼬리실을 남기고 끊는다. 머리 바로 아래, 몸의 양쪽 옆에 붙인다.

다리(2개) 실: 회색

1단: 매직링에 짧은뜨기 6 [6코]
2단: 코늘리기 6 [12코]
3단: (짧은뜨기 1, 코늘리기 1) × 6 [18코]
4단: (짧은뜨기 3, 코늘리기 1) × 4, 짧은뜨기 2 [22코]
5~8단: 짧은뜨기 22 [22코]
9단: (짧은뜨기 5, 안 보이게 코줄이기 1) × 3, 짧은뜨기 1 [19코]
10단: 짧은뜨기 2, 안 보이게 코줄이기 1, 짧은뜨기 9, 안 보이게 코줄이기 1, 짧은뜨기 4 [17코]
11단: 짧은뜨기 4, 안 보이게 코줄이기 1, 짧은뜨기 3, 안 보이게 코줄이기 1, 짧은뜨기 6 [15코]
12~13단: 짧은뜨기 15 [15코]
충전재를 단단하게 채운다.
14단: 짧은뜨기 7, 사슬뜨기 1, 뒤집기 [7코]
뜨지 않은 코는 남겨둔다.
15단: 건너뛰기 2, 짧은뜨기 10, 사슬뜨기 1, 뒤집기 [10코]
16단: 건너뛰기 2, 짧은뜨기 8, 사슬뜨기 1, 뒤집기 [8코]
17단: 건너뛰기 2, 짧은뜨기 6, 사슬뜨기 1, 뒤집기 [6코]
18단: 건너뛰기 2, 짧은뜨기 1, 안 보이게 코줄이기 1, 짧은뜨기 1 [3코] (사진 1)
마커를 마지막 코로 옮긴다. 여기가 단의 마지막이 된다.

19단: 짧은뜨기 4, 14단에서 뜨지 않은 코를 지나 짧은뜨기 3, 단 끝의 반대쪽으로 짧은뜨기 4, 위쪽으로 짧은뜨기 3 [14코](사진 2-3)
20단: 짧은뜨기 12, 안 보이게 코줄이기 1 [13코]
충전재를 가볍게 채운다.
21단: 짧은뜨기 5, 안 보이게 코줄이기 1, 짧은뜨기 6 [12코]
22~23단: 짧은뜨기 12 [12코]
24단: 안 보이게 코줄이기 1, 짧은뜨기 10 [11코]
25~26단: 짧은뜨기 11 [11코]
27단: 안 보이게 코줄이기 1, 짧은뜨기 9 [10코]
28~37단: 짧은뜨기 10 [10코]
38단: (짧은뜨기 1, 안 보이게 코줄이기 1) × 3, 짧은뜨기 1 [7코]
꼬리실을 남기고 끊는다. 몸의 5단 바로 위에 6코 간격을 두고 붙인다.

꼬리 실: 회색

1단: 매직링에 짧은뜨기 6 [6코]
2~31단: 짧은뜨기 6 [6코]
꼬리실을 남기고 끊는다. 충전재를 채우지 않는다.
몸의 허리에서 아래로 5단, 그 바로 위에 붙인다.

귀(2개) 실: 회색

1단: 매직링에 짧은뜨기 6 [6코]
2단: 코늘리기 6 [12코]

3단: (짧은뜨기 1, 코늘리기 1) × 6 [18코]
4단: (짧은뜨기 3, 코늘리기 1) × 4, 짧은뜨기 2 [22코]
5단: 짧은뜨기 2, 코늘리기 1, (짧은뜨기 4, 코늘리기 1) × 3, 짧은뜨기 4 [26코]
6단: (짧은뜨기 5, 코늘리기 1) × 4, 짧은뜨기 2 [30코]
7~8단: 짧은뜨기 30 [30코]
9단: (짧은뜨기 3, 안 보이게 코줄이기 1) × 6 [24코]
10단: (안 보이게 코줄이기 1, 짧은뜨기 2) × 6 [18코]

11단: (짧은뜨기 1, 안 보이게 코줄이기 4) × 2 [10코]

꼬리실을 남기고 끊는다. 충전재를 채우지 않는다. 납작하게 잡고 머리의 13단에 14~16코 간격을 두고 붙인다.

조끼 실: 주황색

1단: 사슬뜨기 12, 3번째 사슬코에 시작하여 긴뜨기 10, 사슬뜨기 2, 뒤집기 [10코]

2~4단: 뒷고리 이랑뜨기로 한길긴뜨기 10, 사슬뜨기 2, 뒤집기 [10코]

5~6단: 뒷고리 이랑뜨기로 한길긴뜨기 4, 사슬뜨기 2, 뒤집기 [4코]

7단: 뒷고리 이랑뜨기로 한길긴뜨기 4, 사슬뜨기 6, 사슬뜨기 2, 뒤집기 [4코 + 사슬코 6코]

8단: (뒤집기 한 사슬 2코는 건너뛰고) 사슬코에 뒷고리 이랑뜨기로 긴뜨기 6, 긴뜨기 4, 사슬뜨기 2, 뒤집기 [10코]

9~14단: 뒷고리 이랑뜨기로 긴뜨기 10, 사슬뜨기 2, 뒤집기 [10코]

15~16단: 뒷고리 이랑뜨기로 긴뜨기 4, 사슬뜨기 2, 뒤집기 [4코]

17단: 뒷고리 이랑뜨기로 긴뜨기 4, 사슬뜨기 6, 사슬뜨기 2, 뒤집기 [4코 + 사슬코 6코]

18단: (뒤집기 한 사슬 2코는 건너뛰고) 사슬코에 뒷고리 이랑뜨기로 긴뜨기 6, 긴뜨기 4, 사슬뜨기 2, 뒤집기 [10코]

19~21단: 뒷고리 이랑뜨기로 긴뜨기 10, 사슬뜨기 2, 뒤집기 [10코]

22단: 짧은뜨기 4, 사슬뜨기 5, 건너뛰기 1, 짧은뜨기 5 [9코 + 사슬 5코]

실을 끊는다. 옆면을 가운데로 반 접고 위쪽 모서리에 몇 땀을 떠서 어깨 솔기를 만든다.(사진 4-5) 조끼를 입히고 단춧구멍 반대편에 단추를 꿰맨다.(사진 6) 실을 끊고 정리한다.

이 책에 참여한 손뜨개 인형 디자이너

ELISA'S CROCHET (미국) - 엘리사에게 뜨개는 기억, 생각, 감정을 자신이 아끼는 사람들과 공유할 수 있는 무언가로 바꾸는 방법입니다.
▷ www.amigurumi.com/shop/Elisas-crochet/

CROCHETBYKIM (스웨덴) - 킴은 크리스마스 선물로 처음 손뜨개 인형을 만들었고, 그것이 그녀가 가장 좋아하는 취미가 되었습니다. 그녀는 911 파견원으로 일하고 있는데, 자신의 강렬한 작업과 뜨개라는 창의적인 활동을 함께하는 것이 매우 행복합니다.
▷ www.amigurumi.com/shop/Crochetbykim/

LITTLE MUGGLES (미국) - 에이미에게 뜨개는 매우 완전한 취미입니다. 손뜨개 인형의 놀라운 세계를 발견한 후 그녀는 자신의 인형을 디자인하기 시작했고, 인형을 만들 때마다 새로운 것을 배웁니다.
▷ www.amigurumi.com/shop/Little-Muggles/

IRENE STRANGE (영국) - 이리나는 그래픽 디자이너이자 손뜨개 인형 메이커로, 실뭉치와 몇 개의 코바늘을 늘 지니고 다닙니다. 처음에는 간단히 생일 선물로 시작한 것이 금세 그녀의 뜨개의 세계로 빠지도록 만들었답니다.
▷ www.amigurumi.com/shop/Irene-Strange/

LEMON YARN CREATIONS (포르투갈) - 안드레이아는 주로 자연과 대중 문화에 대한 사랑에서 영감을 받아 재미있는 스토리를 가진 캐릭터를 만드는 것을 좋아합니다. 손뜨개 인형은 그녀가 세상에 행복을 던지는 방식입니다.
▷ www.amigurumi.com/shop/Lemon-Yarn-Creations/

DIY FLUFFIES (네덜란드) - 마리스카는 아들들이 학교에 가고 남편이 직장에 간 뒤, 재봉틀 뒤에 앉아 뜨개 바늘을 집어듭니다. 그녀는 무한한 상상력으로 인형을 위한 가장 멋진 패턴을 만든답니다!
▷ www.amigurumi.com/shop/DIY-Fluffies/

SUNDOT ATTACK (오스트레일리아) - 열렬한 동물 애호가인 자크는 자신의 디자인으로 이 귀여운 동물들에 대한 사랑, 감사, 존경을 전파합니다. 그녀에게 뜨개는 취미 그 이상입니다. 치유하고, 영감을 주고, 연결하고, 무한한 상상력에 닿는 새로운 것을 창조하는 힘이 있습니다!
▷ www.amigurumi.com/shop/Sundot-Attack/

KAMLIN PATTERNS (체코 공화국) - 카트카는 코바늘과 실뭉치를 이용해 거의 모든 것을 만들 수 있습니다. 그녀는 수백 명의 사람들에게 코바늘을 집어 들고 손수 만든 장난감을 만들도록 영감을 주었습니다.
▷ www.amigurumi.com/shop/Kamlin-Patterns/

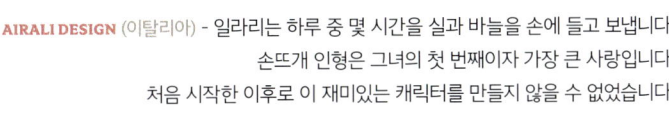

PEPIKA (보스니아-헤르체고비나) - 산다는 그래픽 디자이너이며, 여가 시간에는 실과 바늘로 놀기를 좋아합니다. 그녀는 자연에서 귀여운 모양을 찾아 인형으로 만듭니다. 그녀의 딸 미아가 그녀의 주요 영감입니다!
▷ www.amigurumi.com/shop/Pepika/

AIRALI DESIGN (이탈리아) - 일라리는 하루 중 몇 시간을 실과 바늘을 손에 들고 보냅니다. 손뜨개 인형은 그녀의 첫 번째이자 가장 큰 사랑입니다. 처음 시작한 이후로 이 재미있는 캐릭터를 만들지 않을 수 없었습니다.
▷ www.amigurumi.com/shop/Airali-handmade/

ZIPZIPDREAMS (튀르키예/헝가리) - 에디나는 고향 헝가리에서 멀리 떨어진 튀르키예에 살고 있습니다. 손뜨개 인형 덕분에 그녀는 전 세계의 뜨개 친구들을 만났고, 그들은 그녀의 열정을 공유하고 그녀와 함께 손뜨개의 행복에 동참했습니다.
▷ www.amigurumi.com/shop/zipzipdreams/

MOJI-MOJI DESIGN (영국) - 재닌은 모든 종류의 직물에 열정적이었습니다. 뜨개와 코바늘은 이제 그녀의 모든 것입니다. 그녀는 자신이 사용할 수 있는 양보다 더 많은 양모를 비축해 두었습니다.
▷ www.amigurumi.com/shop/Moji-Moji-Design/

PICA PAU (아르헨티나) - 얀은 아들이 학교에서 돌아오기를 기다리면서 처음으로 뜨개와 그림을 결합하기 시작했습니다. 수년 후 그녀는 어린이 책을 그림으로 그렸고, 스톱 모션 애니메이션을 위해 디자인했으며, 뜨개책을 여러 권 썼습니다.
▷ www.amigurumi.com/shop/Pica-Pau/

LISA JESTES DESIGNS (미국)- 리사는 뜨개를 좋아합니다. 그녀는 간단한 실뭉치로 시작해서 귀여운 인형으로 만드는 것에 큰 즐거움을 느낍니다.
▷ www.amigurumi.com/shop/Lisa-Jestes/

LITTLEAQUAGIRL (오스트레일리아) - 에린나는 낮에는 과학자이고 밤에는 뜨개 애호가입니다. 그녀는 부드러운 색상과 '귀여운' 캐릭터를 좋아합니다. 그녀의 손뜨개 인형은 귀여움 면에서 높은 점수를 받았습니다.
▷ www.amigurumi.com/shop/LittleAquaGirl/

PATCHWORK MOOSE (영국) - 케이트는 당신의 하루를 밝게 해줄 가장 귀엽고 작은 손뜨개 동물을 만듭니다. 손뜨개 인형은 그녀를 뜨개의 세계로 끌어들였습니다. 그녀는 이 사랑스러운 인형들을 보고 직접 만드는 법을 배워야겠다고 생각했습니다.
▷ www.amigurumi.com/shop/Patchwork-Moose/

AMALOU DESIGNS (독일) - 마리엘은 손뜨개 인형에 펠트나 천을 사용하는 것부터 니들 펠팅과 같은 기술을 시도하는 것까지 새로운 도전을 좋아합니다. 자신의 작품을 들고 있는 아이의 미소가 그녀의 가장 큰 동기입니다!
▷ www.amigurumi.com/shop/AmalouDesigns/

KRISTI TULLUS (에스토니아) - 크리스티는 신생아를 위한 최고의 선물을 찾던 중 손뜨개 인형을 발견했습니다. 그녀는 자신의 디자인을 통해 다른 사람들이 뜨개를 (다시) 발견하도록 영감을 주고 싶어합니다.
▷ www.amigurumi.com/shop/Kristi-Tullus/

YOUNIQUE CRAFTS (미국) - 노아는 스케치북에 낙서하는 것부터 오리지널 음악을 쓰는 것까지 모든 종류의 예술을 항상 좋아했습니다. 하지만 뜨개는 그에게 다른 모든 예술 형식과는 다른 것을 제공합니다. 그것은 그에게 무생물을 창조하면서도 그 자신을 반영하는 특성과 개성을 부여할 수 있는 능력을 줍니다.
▷ www.amigurumi.com/shop/YOUnique-crafts/

A MORNING CUP OF JO CREATIONS (미국) -조세핀은 여행을 소중히 여기고, 삶의 작은 것들을 즐기며, 손뜨개 인형을 통해 연결하고 영감을 주는 능력을 받아들입니다.
▷ www.amigurumi.com/shop/A-Morning-Cup-of-Jo-Creations/

저희는 코바늘 동물인형 프로젝트에 참가한 다른 모든 디자이너에게 감사를 전합니다.

Ana Yogui – Susan Morishita – Tilda & Filur – Lilleliis – Pii_Chii – Footloosefriend – Sarsel – AmiAmore – Auroragurumi – Jessica Boyer – Emi Kanesada – Sweet 'n Cute Creations – Bluephone Studios – Woolytoons – IlDikko – Los Sospechosos – Christel Krukkert – One and Two Company – Theresa's Crochet Shop – Elfin Thread – An Jiyoun – Critterbeans – Smartapple Creations – Hello ❀❀❀ Yarn – Sabrina Somers – Lilian Miller – Maja Hansen – Lex In Stitches – YarnWave – RNata

창작품들 175

Descabdello
Jessica Liu
Annamaria Majlath
Vira Velmozhina
Katerina Savchuk
Sonja Meier
Hannah Lucas
Adrienn Weber
Katrien Sprangers
Angie Vega
Irene Morazzoni
Carolina Otero
Wendie Van Roy
Sonja Meier
Julie Jacquemin
Marjan van der Leer

지난 10년 동안 여러분의 창작 여정에 동참할 수 있어 영광이었습니다. 우리는 여러분이 이 책의 패턴으로 무엇을 만들었는지 함께 공유하길 바랍니다!

www.Amigurumi.com/3800/을 방문하여 이 책의 패턴으로 만든 작품 사진을 공유하거나 다른 사람이 만든 캐릭터에서 영감을 얻으세요.

ZOOMIGURUMI
인기 있는 Zoomigurumi 시리즈의 첫 번째 책에는 귀엽고 포근한 손뜨개 인형 동물 패턴 15개를 모아 놓았습니다. 원숭이 조니, 토끼 와사비, 호랑이 로리 등 여러 동물이 등장합니다.

ZOOMIGURUMI 2
이 프로젝트의 두 번째 책은 손뜨개를 계속하는 데 필요한 모든 영감을 제공합니다! 거북이 오토, 코끼리 험프리, 쥐 만프레드 등 여러 가지가 있습니다.

ZOOMIGURUMI 3
손뜨개 인형이 더 귀여울 수 없을 거라고 생각했을 때, 이 책이 등장했습니다! 이 책에는 12명의 유명 디자이너가 만든 새로운 손뜨개 인형 동물 패턴이 실려 있습니다. 하마 헨리, 펭귄 윌버, 거북이 오리온이 등장합니다.

ZOOMIGURUMI 4
이 네 번째 책에서 여러분은 동물들의 세계에 매혹적으로 빠져들 것입니다! 말 헥터, 오랑우탄 오웰, 돌고래 도리스 그리고 다른 많은 동물을 만나보세요.

ZOOMIGURUMI 5
다섯 번째 책에는 동물인형 디자이너의 가장 달콤한 새로운 프로젝트가 들어 있습니다. 강아지 스캇, 알파카 앨리샤, 바다코끼리 카테리노를 만나보세요.

ZOOMIGURUMI 6
이 시리즈의 여섯 번째 책에는 15개의 놀라운 새로운 프로젝트를 모았습니다. 매머드 모티머, 벌새 카를로스, 닥스훈트 마누와 브리짓, 고슴도치 앨빈 등이 등장합니다.

ZOOMIGURUMI 7
일곱 번째 책은 15마리의 사랑스러운 동물인형의 흔적을 따라갑니다. 무스 몬티나, 햄스터 해미시, 닭 셰릴 등 여러 동물과 함께하세요.

ZOOMIGURUMI 8
손뜨개 인형 친구는 아무리 많아도 모자랄 거예요! 이 책 역시 손뜨개를 계속하는 데 필요한 모든 영감을 제공합니다! 물개 새미, 앵무새 파블로, 벌새 마일로를 만나보세요!

ZOOMIGURUMI 9
이 책의 사랑스러운 동물 15마리는 여러분에게 많은 신선한 영감을 가져다줄 것이고 여러분의 털실 보관함에 큰 영향을 끼칠 것입니다. 하일랜드 소 힐다, 터칸 토코, 앵글러피시 앤지, 그리고 다른 많은 동물을 만나보세요.

ZOOMIGURUMI 10
코바늘과 실을 잠시 쉬게 하려고 생각했을 때, 이 책이 등장했습니다! 기린 바오, 다람쥐 러프, 쥐 맥스 등을 만나보세요!